Alle Rechte liegen bei den Autoren
Herstellung: Books on Demand GmbH
ISBN 3-8311-2098-6

Dorle und Dieter

Die Autoren dieses Gedichtbandes sind seit vielen Jahren glücklich vereint in der Ehe.
Sie dichten und trachten, leben und arbeiten gemeinsam in Demut vor Gott und in Hochachtung der Liebe trotz eines harten Schicksals, das beide erlitten, mit großer Freude am Leben in schöner Harmonie und innigster Einheit.

Es sind einfache Worte die sie zum schreiben verwenden. Ohne jeden Anspruch auf hohe Bewertung. Teils laienhaft im Sinne der Dichtkunst, ergibt sich in Versform von Lyrik und Prosa der Inhalt der Zeilen aus offenem Herzen in fast kindlich anmutender Reinheit, die den Leser erreicht und ihn staunen lässt und bewegt.

Bewegt auch dazu, sich Muße zu nehmen die Verse zu lesen ohne den Aufwand dafür zu bereuen.

Zeilen wie Dorle und Dieter sie schreiben, sind in dieser todkranken Zeit, in der sich die Menschlichkeit ganz offenbar zur Unmenschlichkeit wandet, sehr selten geworden. Ihr Ausdruck erinnert an eine Stelle der Bibel die heißt: "Wenn du Gott nahe sein willst, musst zu sein wie ein Kind."

In seinem tiefsten Innern weiß jeder Mensch, dass ohne die Ehrfurcht vor Gott, der Liebe und der Natur, das Leben verweht wie ein Sandkorn im Wind.

November 2000

Horst-Harald Wild
Freund und Promotor der Autoren

Union of Love

Ich lebe für meinen Traum.
Mein Traum ist die Union of Love, ist
die Union der Liebe.
Mein Traum ist der UNWANDELBARE, der die Liebe ist.
Er ist mir näher als mein Ich.
Er ist die Freude meines Lebens
und die Erfüllung meines Traumes.
Ich träume von gottseligen Menschen,
von Liebenden, die sich still die Hände reichen
und deren Herz weltumspannend ist.
Die Liebenden, die sich trösten, in einer Welt,
die des Mitleids so sehr bedarf, – wie der Mensch das
tägliche Brot, – die zum Trost werden für die Leidenden.
Ich träume von grenzenloser Liebe,
die über den ganzen Globus flutet
und deren Kanäle die Liebenden sind.
Der EWIGE ist die Quelle,
daraus die Liebenden gespeist werden.
Er ist die Quelle und der Ozean der Liebe.
Union of Love sind die Weltmeere der Vereinigten
Liebenden, die sich segnend miteinander verbinden
in einer freudigen Fontäne des Wassers der Liebe.
Die Speise und der Trank meiner Seele ist die Liebe,
die niemals endet von dem ausgeht, der unsre Herzen schuf.
Er ist der Freudenbrunn der Glückseligkeit, aus dem die
Liebenden schöpfen und der niemals versiegt.
Union of Love: Brüder und Schwestern sind getauft
und geweiht auf die Liebe, die das einzige
Überlebensrezept ist, das bleibt und
Früchte bringt überall in unserer Welt.

Kleines Hohelied

„Die Stimme, die ich liebe, ist die Stimme
meines Geliebten. Seine Stimme klingt!"
„Wie klingt denn die Stimme Deines Geliebten?"
Die Stimme meines Geliebten klingt lieblich,
sie klingt, wie das Gurren der Tauben,
sie klingt, wie das Locken der Rotkehlchen,
lieblich, wie der Ruf der Drossel, wenn der Abend
kühl wird.
Die Stimme meines Geliebten klingt auch mächtig.
Sie klingt, wie das Tosen eines großen Wasserfalls,
wie das Donnern bei einem Gewitter und wie das
Dröhnen eines Vulkans.
Mein Geliebter ist lieblich und mächtig.
ER ist herrlich, ER ist herrlich!
ER ist wie der Tau in der Wüste: an einem Tag
ist sie sprossend und blühend.
Ihr Schafe Seiner Weide, seht meinen Herrn!
ER hat Seine Buchten mit Korallen geschmückt,
Wasser und Feuer sind seine Diener. Mein Herr
ist wie er starker Fels: das Wasser leckt zu Seinen
Füßen, Worte aus Feuer fahren aus Seinem Mund.
„Komm, meine Geliebte, meine Braut, du Schöne!
Ich habe Dir ein Nest bereitet auf dem Gipfel
meines Berges Zion. Blast Ihr Posaunen und
hebt Eure Hände Ihr heiliges Volk. Seht, wie ich den
Nebel zerreiße, den Dunst auflöse. Mein Thron hat
offene Pforten, kommt herzu mit jauchzen. Ich will
mein Heil an den Himmel malen und die Gerechten
sollen sich freuen und alle sollen hören: Ewig ist der
Herr und sein Reich ist ewig."
AMEN

RUHE SCHÖPFEN

GOTT ist der SCHÖPFER Seiner SCHÖPFUNG.
Die Menschen sind die GESCHÖPFE Seiner SCHÖPFUNG.
Die GESCHÖPFE GOTTES, die Menschen, können selbst
SCHÖPFERISCH sein. Wie werde ich SCHÖPFERISCH?
Wir sehen, daß diesen Worten ein Wort zugrunde liegt:
das Wort SCHÖPFEN.
Um SCHÖPFERISCH zu werden, müssen die GESCHÖPFE
beim SCHÖPFER SCHÖPFEN. Was schöpfen?
Ruhe schöpfen. Durch Ruhe schöpfen Kraft schöpfen,
Liebe schöpfen, Weisheit schöpfen. Dann kann der
Mensch schöpferisch werden.
Ruhe in Gottes Gegenwart und Du schöpfst das
Wasser, wovon Jesus der Samariterin am Brunnen sagte:
von dem Wasser, das Du von mir schöpfst, wirst Du
Nimmermehr dürsten.
Ruhe in Gott, wie die Nabe des Schöpfungsrades, des Wasser-
rades in der Mitte still hält, und das Rad dreht sich
schöpfend und Du gewinnst Energie, Lebenskraft und
Schöpferkraft.
Ruhe in Gottes Liebe und Du schöpfst Liebe, die die
stärkste Kraft ist, die Veränderung bewirkt.
Ruhe im Geist und Dir wird Weisheit geschenkt, die höher
ist, als alle Vernunft und Du wirst schöpferisch-kreativ.
Werde zu einem Ruhepol. Im Ruhepol liegt
das ganze Potential des Lebens.Vergrößere, vertiefe
Deinen Ruhepol und Du vergrößerst das Potential
Deines Lebens.
Das Gottesreich vergrößert sich nicht durch die Menge an
Bibeln oder die Anzahl der auswendig gelernten Bibelstellen:
„Das Reich Gottes steht in Kraft – nicht in Worten!"
In der Ruhe liegt die Kraft – aus der Ruhe kommt die Kraft.
Ruhe schöpfen ist das Gebot der Weltenstunde und das
Gebet dieser Deiner Stunde jetzt.

DISZIPLIN – TUGEND

Was momentan noch verherrschend zählt
sind die Disziplinen und nicht mehr die Tugenden.
Die Disziplin der Leistung und des Fleiß';
die Disziplin des Durchsetzungsvermögens;
die Disziplin der Konzentration.
Die Disziplinen kommen aus dem Ich
und aus dem Intellekt.
Die Tugenden kommen aus dem Herzen
die Tugend der Geduld,
die Tugend des Friedefühlens
die Tugend der Mäßigung
die Haupttugend: die LIEBE.
Disziplinen hat der Mensch sich
selber angeeignet durch seine
Loslösung von Gott.
Solange religio zu den Wurzeln
zurückkehrt wird sie wieder die Tugenden
nähren und werden die Tugenden neu
erweckt, erwacht auch das Bewusstsein
für die Not-wendig-keiten, die GOTT sieht.
Wir lebten in einem Land,
dann lebten wir in einer Stadt,
dann Großstadt und wenn wir nicht achtsam
sind und erwachen, leben wir in einem System.
Das System muss nicht sabotiert werden,
oder gestürzt, es muss auch nicht
reformiert werden: die Strukturen
müssen sich wandeln.
Das geschieht von unten, vom Bürger aus,
vom Menschen, von seinem Herzen, von
seiner Tugend,
GOTT ist da –
werd IHM gewahr.
„Durch stillsein und erwarten
werdet ihr stark sein" Jes. 30,15

und ich füge hinzu:
„durch lieben werdet Ihr mächtig sein und
durch Glückseligkeit alles verändern
zum Vollkommenen."

Flügel der Morgenröte

Flügel der Morgenröte.
Himmlisches ansinnen.
Leben wird geboren.
Immergrüne Zukunft.
Alles Heil unter der Sonne
ist mein.
Ich stehe in der Blüte,
Nektar der Liebe verströmend.
Ich liebe Dich, ja Dich.
Du bist meine Schwester,
mein Bruder.
Alliebe durchströmt das Herz.
Auf Füßen der Sanftmut
den Garten Eden durchlaufen.
Edler Wein der Wonne
perlt in der Seele.
Alles kommt zum guten Ende.

Baum der Erkenntnis

Iss nicht
vom Baume
der Erkenntnis:

eines ist schwarz,
eines ist weiß,
eines ist gut,
das andere böse,
eines ist falsch,
eines ist richtig.

Alles ist trennend,
da wirst Du kämpfen
und andere richten.

Anders die Liebe,
der Höhenweg Gottes.
Gegensatz vereinend,
die Feinde liebend,
überall segnend.

Die Liebe allein
überschreitet Grenzen.
Die Liebe allein
liebt alle Menschen.
Die Liebe allein
übertrifft alle Erkenntnis.
Die Liebe bleibt.

Bereitete Herzen?

Unaussprechlich, unzerbrüchlich
liebt uns Gott in seiner Glut
und er ist erst dann ganz glücklich
geht es allen Menschen gut.

Doch noch bricht sein Herz vor Leid,
dass die Menschenherzen rennen
nach den Dingern dieser Zeit
und nicht seine Liebe kennen.

Kennt der Sohn nicht seinen Vater?
Irrt wie ein verlornes Schaf
in dem irren Welttheater
schlafend seinen Herzensschlaf.

Weckend, streckend, Liebe rettend
hält der Christus seine Hände,
Du schlägst Nägel in den Leib!
Wann kommt denn die Zeitenwende,
wo der Menschen Herz bereit?

Dein Leben sei

Dein Leben
sei ein Öffnen und Fließen
ein Offenbaren und Einweihen
von einem Mysterium
der Liebe zum Nächsten.

Nichts Statisches
oder Abgeschlossenes,
sondern ein Schweigen
von Pol zu Pol
von Harmonie zu Harmonie.

Kein Benennen
oder Vergleichen,
kein Festhalten,
sondern ein Loslassen
und Preisgeben,
ein Überschreiten
und Aufsteigen,
ein Sterben
und Geborenwerden
und ein Reifen
in der Frucht der Liebe.

Erfüllung

Erfüllung führt zu Fülle.
Ganz erfüllt zu sein
mit der LIEBE GOTTES
macht so überfließend,
dass aus Freude Glückseligkeit wird
und aus Harmonie Wonne.

Gottes Geist der Kraft, der Liebe und der Weisheit

Liebe ohne Weisheit macht Fehler (Irrtümer)
Liebe ohne Kraft ist zu schwach (Mitleid)

Kraft ohne Liebe macht hart (diktatorisch)
Kraft ohne Weisheit macht hochmütig (gesetzlich)

Weisheit ohne Liebe ist eitel (Erkenntnis)
Weisheit ohne Kraft wird vereitelt (Aufblähend)

Liebeseinbruch

Urgewaltige Wellenflut
bricht sich tosend am Gestein,
Gicht bricht bäumend, schäumend
und zerspritzt, zerfließt, zurück, hinein
in das wogend Wellenmeer.

Liebe ist die stärkste Kraft
weißer Fluss der Energie,
die gebündelt Leben schafft
aus der toten Agonie.

Doch wie grauverhangner Schleier,
schattenschwere Dunstesglocken,
dringt das Tote in die Feier,
lähmt die feinen Lebensglocken.

Da! Pass auf! Wie Erdenrisse
bricht das Unglück jäh herein
und was Weise auch nicht wissen
stürzt die Liebe tief hinein.

Fällt und fällt und fast zerschellt
sie in bodenloser Tiefe.
Es erschrickt die ganze Welt,
dass doch jemand Hilfe rufe.

Doch der stumme Schrei der Seelen
ruft und seufzt dem Himmel zu
und der Liebe Schmerzen quälen
kommt am Abend doch zur Ruh.

Labend, herzend, hüllt der Dämmer
Leib und Seele sorglich ein,
und wie gute Hirtenlämmer
schläfst Du sachte, wohlig, fein.

LOVE, only LOVE.

LOVE, only LOVE. Es ist alles Liebe!
Vergiss doch einmal das Gelernte und Gelehrte, all die Zahlen,
Gleichungen und Verwicklungen, vergiss doch einmal Verstand und
Logik und öffne Dich ganz dem Gefühl. Lebe jetzt ganz in der
Gegenwart, sei Dir ganz nahe und Du spürst Unendlichkeit, Weite,
Ewigkeit.
Gott ist die Liebe, ist nicht weit weg, ER ist da, ER ist immer
gegenwärtig.
Erspüre nun die Dinge, nicht dass Du ihren Namen denkst und
wieder vergleichst, oder Dich erinnerst, spüre in sie hinein – sei
ganz Gefühl, – und dann fange die Dinge an zu reden. Nicht
menschlich – verständlich – grammatisch, sondern sie sprechen von
ihrem Wesen her, von ihrer verkörperten Liebe oder ihrem
sehnsuchtsvollen Schrei nach Liebe.
LOVE, only LOVE! Alles ist Liebe, auch das verkümmert,
verblichen, verrostet, verstimmt ist, alles trägt zumindest noch die
Erinnerung der Ganzheit, der Heilheit, der Liebe in sich.
Alles trägt die große Anziehung zu dem GOTT der LIEBE in
sich, in Ausgewogenheit wie im Atom und in Harmonie, wie die
Gestirne, – oder das stille, starke Verlangen, das Sehnen zurück zur
Einheit mit GOTT.
Wir leben in Momentaufnahmen. Der Fokus unserer
Aufmerksamkeit konzentriert sich immer nur auf einen Ausschnitt
der Wirklichkeit. Doch ich sehe im Hier und Jetzt, ganz in
Gegenwart, ganz in Unendlichkeit nicht nur Ausschnitte der
Wirklichkeit, sondern die Wahrheit der Dinge, an für sich. Und die
Wahrheit ist: LOVE, only LOVE, alles ist Liebe.
Babies und kleine Kinder sind noch ganz Liebe, eben darum ist die
Liebe Kindlichkeit. Die Einfalt der Kleinen der Liebe ist der Liebe
Einfalt, noch ganz ohne intellektuelles Wissen und Verletzungen der
Gefühle in der Seele. Kinder sind von Anfang an Heil, deshalb ist
die Liebe Heil und deshalb heilt die Liebe. Die größte Heilungskraft
ist die Liebe.
Einfalt und Kindlichkeit wird vom Nur-Verstandesmensch oft
missverstanden und als kindisch-unreif abgetan.

Liebende Seelen, heile Seelen, haben es schwer auf dieser Erde, ja die lichtvolle Liebeskraft zieht oft die dunklen Unheilskräfte der Erde geradezu an. Oft wächst Heil und Unheil dicht aufeinander, der Liebende jedoch wächst nicht durch Unheil, er wächst allein durch Glückseligkeit. Gottes und Lebensbejahende aufbauende Erlebnisse stärken ihn, oft die Resonanz der lichtvollen Liebesschwingungen, die von Liebenden ausgehen.

Wollen wir, Du und ich vorsichtig, behutsam und feinfühlig mit den Kindlichen umgehen, dass wir sie nicht verletzen und wollen wie still sein und hören, was ihre Augen uns erzählen.

Sehnsüchtiges Ringen

Sehnsüchtiges Ringen
nach dem Lichte Gottes,
Metamorphose des Lebendigen,
kristallklare Freude erhebt sich,
Wellen der Liebe spülen
die Schätze des Lebens an.

Ein jeglicher sehnt sich nach Liebe.
Will geliebt sein.
Will Liebe geben.
Will im Austausch
der Liebe stehen.
Himmelsharmonie verheißen.

Sieh' dieses herrliche Blütenauge.
Es verströmt Wonne.
O wie gerne möchte ich
noch himmlisch sein.
Reinigende Bäche des Leids.
Ich habe gesühnt.

Gott, sprich zu mir immerdar
in Engelszungen
und auch verständlich.
Ich liebe Deine himmlischen Worte.
Lege mich an Deine Seite.
Ich kennen keine größere Wonne
als völlig in Dir geborgen zu sein.

Siegelring und Krone

Soll Dein Leben den Siegelring der Vollmacht tragen und die Krone
der Liebe,
so bewahre Dir:

- das Atemholen Deiner Seele:
"... und am Morgen, schon vor Tage, stand Jesus auf und ging
hinaus. Und er ging an einen einsamen Ort, um dort zu beten."
(Mk 1,35).
- - und das Schweigen in Christo:
"euer Leben ist mit Christus in Gott verborgen." (Kol 3,3).

Verliebte treffen sich heimlich an verschwiegenen Plätzen. Im
Mondeslicht der Geheimnisse, unter dem Sternhimmel der Ver-
heißungen finden ihre Begegnungen statt.
Verliebte haben eine Geheimsprache. Du kennst sie, und ihre
Freude, wenn Du im Heiligen Geist getauft bist.
Die Nähe der Geliebten lässt alles Gewöhnliche vergessen: "Ich
kenne einen Menschen in Christus .... der wurde entrückt bis zum
dritten Himmel .... und hörte unaussprechliche Worte, die kein
Mensch sagen kann." (2. KOR 12,2-4).
Verliebte haben keine Scheu ihre Liebe auszudrücken: ".... und
David tanzte mit aller Macht vor dem Herrn her .... und Michal
sah den König David und verachtete ihn ...." (2.SAMG 14 + 16).
"Denn sei es, dass wir außer uns waren, so waren wir es für Gott
...." (2. KOR 5, 13).
Verliebte geben alles für den Geliebten. Die Sünderin zerbrach
ihr Alabasterfläschlein und brach mit ihrem alten Leben und ihr
Duftöl wurde zum Salböl der Verherrlichung Gottes.
Verliebte geben sich immer wieder neue Kosenamen. Wie nennst
Du die "Rose von Saron"? (HO 4, 9-15).

DMSL

Vergissmeinnicht

Zu einer bestimmten Zeit im Jahr bin ich als Kind zu einem bestimmten Plätzchen gegangen. Dort gab es Veilchen. Kleine, dunkelblaue, – himmlisch duftend nach Veilchen. Ich merkte mir das Plätzchen genau. Ich pflückte ein Sträußchen, außen schön grüne Blättchen rundherum und brachte sie froh meiner Mutter. In dem Moment, als ich ihr das Sträußchen in meiner Hand entgegenstreckte, stieß sie einen freudigen Überraschungsruf aus. Das war der schönste Moment dabei.

Zu ihrem Geburtstag im Mai pflückte ich Maiglöckchen. Manchmal stieg ist tief in die Dornen und kratzte mich auch dabei, doch in der Erwartung der Mutter Freude zu machen, schlug das Herz dabei höher.

Auch wir sollten zu bestimmten Zeiten an ein bestimmtes Plätzchen gehen, um unserem himmlischen Geliebten Freude zu bereiten.

Er scheute selbst kein Haupt voll Dornen um Dich und mich durch sein Liebeswerk der Erlösung zu retten. Hast Du solch ein Plätzchen, wo Du zu seinen Füßen ruhen kannst um ihm Freunde zu bereiten?

DMSL
Joh. 15 - 9 - 13

Wohlbehagen

Liebe tragen,
Wohlbehagen,
Katzen schnurren,
Tauben gurren.

Wohlbefinden,
Ströme münden,
in mein Sein,
ich bin Dein.

Liebessehnen,
glücklich wähnen,
alles sehen
ist wie Träume.

RUF 2000

(1) Wenn sich doch die Wellen alle und die Wogen dieser Unruh,
die in Turbulenzen unruhig hin und her zieht,
einmal dahin, einmal dorthin, Unrast wirkend, Menschen hetzend,
ziellos treibend und verwirrend, allen Menschen Ruhe raubend,
kraftverschlingend, seelenverletzend –
endlich, endlich legen würde, sich beruhigend, stille würde, -
dann erst dann könnt sich besinnen,
alle Welt würd dann begreifen, würd erst sehen und bemerken,
alle Welt in neuem Lichte,
was im Leben wertvoll wäre und ganz unbegreiflich würde all das
Rennen, Hasten dann erscheinen,
und gar viele, viele Dinge, Ziele, wären wertlos, sinnlos dann
geworden, die man vorher so sehr suchte.
(2) Doch wer will und kann die Stürme stillen, diesen Wirbelwind,
der uns rüttelt, schüttelt, und uns nie zur Ruhe kommen läßt?
(3) Wer will der Stille nicht entfliehen,
wer der gänzlich stille werden kann
und nicht weggerissen wird im tosenden Völkermeer?
(4) Jeder, dem das Schweigen ist noch lieber als das Reden,
der noch in die Stille hören kann,
der das sanfte Säuseln Gottes in der Stille noch vernimmt
und es hinzieht in die Mitte allen Lebens,
ist gerufen, sich zum Fels zu machen in der Brandung.
(5) Diese Felsen sind die Berge, wo sich Gott zeigt
und die Licht und Liebe wirken in der Finsternis Zerrissenheit.
(6) Dies ist Gottes Ruf zum Jahr 2000,
und es liegt an Dir,
in dem Wettlauf leerer Nichtigkeiten immer weiter sich zu teilen,
in dem Stückwerk der Erkenntnis,
oder dieses Leben, diesen Ruf zu tragen
und als Stillefels
die Geschicke und den Ablauf allen Lebens mitzuwirken,
hin zum Einen, jener Liebe,
die die Seligkeit bewirkt
und hin zu Gott!

SEHNSUCHE

Die Schwelle überschreiten,
die Stelle der Gezeiten,
wo aus dem Nußgrund der Gefühle
die Flut- und Ebbewellen gleiten
in immerwechselnd Wasserspielen.
Den Harmoniegrund rückerobern,
wo stetig Lebensflammen lodern,
in gottgeweihtem Seelengrunde,
und wo der Tag und auch die Stunde
nicht mehr zählen.
Den Gottesodem neu erwählen
der Flammen speit mit Energien,
die Leben-webend um sich greifen
und alle Herzen aufwärts ziehen
zu Liebes-lichtem Seelenreifen.

STILLUNG

Wer kann die Lebensstürme stillen,
wenn nicht DER, der selbst dem Sturm gebot,
wer kann die Herzenskelche füllen,
wenn nicht DER, der gab dies höchst Gebot:
GOTT VATER über alles lieben
und seinen Nächsten, wie sich selbst,
so sei es in Dein Herz geschrieben:
der Stein vom Grab ist weggewälzt!
So wälz auch Du den Stein der Last,
den Du Dir selbst geschaffen hast
von Deinem Herz, dann bist Du frei,
denn JESU CHRISTI Kreuzesschrei:
„Es ist vollbracht!", nahm Deine Nacht,
das Licht der Liebe ist gebracht,
es leuchtet Dir im Heil'gen Geist,
der fortan Deine Wege weist.

WER NICHT SAMMELT – DER ZERSTREUT

Sammle Deine Worte
laß sie reifen
laß sie golden werden
spar sie auf
für den Augenblick
da ein Wort ist
wie ein goldener Apfel
auf silbernem Tablett.

Sammle Deine Energien
bis sie stark sind
und vor Stärke leben
halte sie zurück
spann den Bogen
bis zum Bersten
und die Tat trifft
vollkommen in das Schwarze.

Sammle Deine Liebe
bis zum Überfließen
sammle in Geduld
in stillem Wesen
bis es ihr gefällt
von selber voller
Wonne sich zu baden
in Glückseligkeit.

Rede eines Liebenden
1. Rede: Über die Einfalt

„Wahrlich, wahrlich, ein einfältiger Mensch kann zwar
auch hohe Gedanken spinnen mit seinem Geist, doch ist
die Einfalt des Herzens so weit höher zu achten, als die
klügste menschliche Lehre oder Philosophie, wie ein
Schneckenhaus, das jederzeit Zuflucht bietet, verglichen
einem Spinnennetz, von leichtestem Winde verweht und
der einfältige Herzensmensch wird sich bei den
raffiniertesten Belehrungsversuchen menschlicher Weisheit
immer eher in sein Schneckenhaus verziehen, wo er davor
geschützt ist. Preis der Einfalt des menschlichen Herzen,
die sich ihrer Demut nicht einmal bewußt ist!
Dies ist ebenso Sanftmut, die dabei nicht
ins Horn stößt, sondern ihre Fühler einzieht,
und viele solcher wahrhaft Einfältig – Demütigen
werden immer noch dasein, wenn die Spinnen-
netze der Erkenntnis bereits in alle Winde
verweht sind.
Preis diesem Triumph der Liebe!"

2. Rede: Wert der LIEBE

„Das Leben ist lebens – wert,
und Gott ist liebens – wert.
Wer will den größten Wert des Lebens
in der Welt ermessen, bei den Vorräten
an Gold, Diamanten der Erde, bei den
Leistungen der Menschen, dem sogenannten
Genius in Wissenschaft und Kultur, bei
den Werten der Kunst. ... was wird der
Höchste Wert sein?
Der höchste Wert allen Lebens der
ganzen Welt ist die Liebe und
Gott ist die Leibe, der alles Leben
geschaffen und gegeben hat, der unter
allem, was lebt, am meisten
LIEBES – WERT ist.“

3. Rede: Genuß und Glückseligkeit

„Genuß und Glückseligkeit sind bei
weitem nicht dasselbe:
Genuß verbraucht, doch
Glückseligkeit verwandelt!
Das Geheimnis der Alchemie auf materieller
Ebene, nämlich Materie in Gold zu verwandeln,
ist das Geheimnis der Glückseligkeit auf
menschlicher Ebene. Die Glückseligkeit, die
einzig in der Verschmelzung mit Gott in der
Liebe ist, ist so wunderbar und energievoll,
daß aus Staub Himmel wird.
Denn was ist der Mensch von Natur aus anderes
als Staub, wenn nicht Gott ihn die göttliche
Seele gegeben hätte und doch kann die erlebte
Gottseligkeit einen Menschen so verwandeln,
daß er einem Himmelswesen gleich sich erhoben fühlt.
So geh auf's Ganze, was sind Genüsse
im Vergleich zur Glückseligkeit, die Dir nur von
Gott geschenkt werden kann und zwar nur in der
Liebenden Vereinigung der Brautliebe Gottes.
Würde ich von den menschlichen Schwächen schreiben,
so würde das Buch nicht ausreichen – doch einen
Augenblick Gottseligkeit und alle toten Buch-
staben zerfallen in Nichts und die tiefste
menschliche Sehnsucht hat den Geschmack
gefunden, der alle Süßen und Lieblichkeiten
Übertrifft."

4. Rede: Materielle Güter

„Manche Religionsführer sagen,
wir leben im Zeitalter der Verblendung oder Verwirrung.
Ist nicht die größte Verblendung,
daß wir uns von der Materie blenden lassen,
daß uns ein Geldstück mehr blendet,
als der Schein der Sonne?
Und ist es nicht die größte Verwirrung,
wenn wir Menschen Gott vergessen,
das Meer Seiner LIEBE und die Glückseligkeit,
die Er allen schenken kann
und statt dessen verwirrt mal in diesem Tümpel,
und in jenem Tümpel rumstochern,
um darin unser Glück zu finden,
denn was ist das anderes,
wenn wir unbewußt die Hoffnung auf Glück
in materiellen Gütern suchen?"

5. Zwischenrede

„So schön sich diese Reden anhören,
die wohl ein Sonnenstrahl vom Wesen des Lebens
und von Gottes Wesen sein können,
so verschweige ich nicht,
daß wohl ein gut Teil der liebe Geist
Gottes geholfen hat,
doch auch eine Lust an schönen Worten
mein Schiff führte,
und deswegen werde ich wohl gar schnell
schweigen, wenn ein wahrer Liebender,
oder eine wahre Liebende seinen Mund öffnet,
bei dem ein noch innigeres Feuer der Liebe
glüht, so wahr mir Gott mein Vater, helfe."

6. Rede: Lust

„Freude kommt natürlicher weise aus Lust,
Lust ist die Potenz des natürlichen Lebens
Doch sollte Lust lustvoll bleiben
Und nicht lüstern werden,
denn dann wird Lust zum Trieb und zur Gier.
„Habe deine Lust am Herrn, der wird Dir
geben, was Dein Herze wünscht", übersetzte
Luther.
Die Lust am Herrn ist die wahre Freude,
die froh und glücklich macht und aus
dem Herzen kommt und sie wird
erwidert von Gott, der nur das Gute,
Wohlgefällige und Vollkommene für Dich
Will, nämlich Deine Herzenswünsche zu
Erfüllen, was heißt, Dich vollkommen
Glücklich zu machen in JHM."

7. Rede: Wirkungen der Glückseligkeit

„Schlaf ist für den Körper das, was Stille
für die Seele ist. Wie du im Schlaf
körperliche Kraft sammelst, so sammelst Du
in der Stille seelische Kraft. So, wie Du im
Schlaf schön träumst, so wird in der Stille
Deine Seele zum Traum GOTTES.
Der Traum GOTTES für Dein Leben ist, Dich
In Glückseligkeit überfließen zu lassen, was zum
Einen Deine größte Erfüllung ist, zum anderen
Die Erfüllung von GOTTES Traum für Dich.
Überdies setzt die Erfahrung von Glückseligkeit
eine solche Himmelsenergie frei, daß Deine
Umgebung spontan mit angehoben wird zu
Höheren Gefilden, und damit bereitest Du
Den Weg zur Erfüllung des größten Traumes
GOTTES, nämlich immer mehr Liebes – Licht –
Träger auf dieser Erde zu bereiten, die
Durch ihr Leben, durch die Transformation
von GOTTES Wesen und Energie solch ein
Energiefeld auf der Erde bewirken, daß
Globale Auswirkungen zu mehr Friede,
Harmonie, Freude und Liebe auf dieser
Erde geschehen.
Gepriesen in Jesu Namen jeder, der
Sich zu dieser Berufung rufen läßt."

8. Rede: Aufruf

„Ich bin nur ein winzig kleiner Mensch unter
der Masse von 6 Milliarden Menschen. 6 Milliarden Wasser-
tropfen bilden vielleicht einen kleinen See und
doch hat Gott Ozeane geschaffen, Weltmeere,
in denen ein einzelnes Schiffchen wie nichts ist.
Bald sind es vielleicht 12 Milliarden, die doppelt
so viel Nahrung und Rohstoffe brauchen, ganz
abgesehen, wie das Gleichgewicht der Natur es
verkraftet. Deswegen: Heute ist der Tag des
Heils! Heute laßt uns in uns gehen und
unsere Erwählung fest machen!
„Viele sind berufen, doch nur wenige Erwählte."
Wenn du spürst, daß Du erwählt bist, so lege
diese Rede auf Deinen Nachttisch, und laß
Dein Schlafzimmer zu einem Tempel werden,
in der Stille ist, denn nur in der Ruhe der
Stille wirst Du zu der Erkenntnis kommen,
die alle Erkenntnis übertrifft: daß Gott LIEBE ist,
und die Liebe Gottes die aller größte Triebfeder
ist, die auf dieser Erde noch etwas zu bewirken
vermag. Nur in der Stille kommt Dein Geist zur
Ruhe und Du vermagst Dein Herz zu hören und in
Deinem Herzen Gottes Liebesreden.
So wahr Gott lebt, der in Jesus Christus für diese
Welt auf Golgatha gestorben ist, und im Heiligen Geist
lebt, diese Reden kommen aus lebendiger Erfahrung
und sind erprobte Wahrheit."
AMEN

All Gesang

Träufelt Träume, ihr Kometen
laßt mich in den Kosmos treten
und in andern Zungen reden
wenn die Sterne leuchtend beten.

Milchstraße und Sonnensterne
Honiggalaxien der Ferne
einst aus Gottes Herz gesprungen
und im Weltenraum besungen.

In All – Liebe stetig kreisend
und den Schöpfergott lobpreisend
in der Hymne der Gezeiten:
LIEBE – schwingend Ewigkeiten.

7 Zeilen vom Sein

Völlig bedürfnislos
Kein Zweck, kein Ziel,
kein Wunsch, kein Wille,
aufgegangen in der Gegenwart,
zeitlos, unbegrenzt,
Wohlbehagen,
Voll Gott.

An einen Andersdenkenden

Weiß ich auch nichts –
Ich hab dich lieb.
Was Du auch denkst,
Ich nehm dich an.
Sag mir,
was ich dir Gutes tun kann.

DAS GEBOT DER GEBOTE

Du sollst Dich glücklich fühlen.
Du kannst Dich glücklich fühlen.
Der 1. Schlüssel ist die LIEBE.
Die LIEBE ist erst dann glücklich,
wenn der Geliebte glücklich ist.
Doch woher bekomme ich die LIEBE?
Der 2. Schlüssel ist die Stille.
Der Körper ist ruhig: Du sitzt.
Dein Geist wird still, immer stiller.
Je stiller er wird, desto
lebendiger wird Deine Seele,
die Seele lebt auf und
Du fühlst Dich wohl.
Je größer dein Wohlbehagen,
desto größere LIEBE fühlst Du.
Je mehr LIEBE Du fühlst,
desto glücklicher fühlst Du Dich.
GOTT der LIEBE ist erst glücklich,
wenn Seine geliebten Kinder
glücklich sind.

Der Freiheit Erfüllung

Freiheit ist mir keine Frage,
weil ich Gott im Herzen trage.
Grenzen sind mir keine Frage,
weil ich Unbegrenztheit trage.
Gott frei lieben –
aufgestiegen –
Liebend den Geliebten halten:
da kann höchste Freiheit walten
Liebend SEINEN Willen leben,
eigne Freiheit aufzugeben
um ganz EINS mit IHM zu sein:
ist der Freiheit Erfüllung allein!

Der Liebe Überlegenheit

Was nützt es aus dem Kaffeesatz zu lesen,
davon wird Deine Seele nicht genesen.
Was nützt der Astrologen Zirkelei,
davon wird Deine Seele auch nicht frei.
Was nützt die Endzeitprophetie,
wenn nicht im Herz die Liebe glüh`.
Was nützt der Geist der Philosophen,
wenn Dein Gefühl ein kalter Ofen.
Ein Geistesblitz, der ist zwar grell,
doch macht er keine Seele hell.
Von Geistesblitzen kann man schwärmen,
doch tun sie keine Seele wärmen,
und nur das Gottgeborgensein
wärmt deines Herzens Liebesschein.
Ist Dein Gefühl ganz warm und licht,
dann brauchts auch nicht mehr dies Gedicht.

Der Sinn des Lebens

Wie kann denn eine Perle
im zarten Muschelfleisch erstehen?
Wie kann denn wohl ein Bussard
aus solcher großen Höhe sehen?
Wie kann ein kleines Samenkorn
zur Schönheit einer Lilie werden?
Wie kann ein grau Gestein
den edlen Diamanten bergen?

Es muß ein liebend Geist sein,
der wandelnd hinter der Erscheinung lebt
und das kann einzig Gott sein,
der aus dem Nichts das Universum hebt,
und auch den Menschen,
in dessen Herz ER Liebe hat gelegt,
um SEINE LIEBE zu erwidern;
das ist der größte Wunsch,
den ER in Seinem Herzen trägt.

Die 5 Sinne der LIEBE

TRAUER riecht wie Leichen
LIEBE riecht wie Rosen;
HASS fühlt wie ein Peitschen
LIEBE fühlt wie Kosen;
SCHMERZ, er schmeckt so bitter
und LIEBE schmeckt mild;
ANGST klingt wie Gewitter
doch LIEBE klingt gelind;
LEID ist wie das Graue,
doch LIEBE leuchtet rot;
LIEBE Dir vertraue,
LIEBE auf Dich baue,
LIEBE, daß ich schaue
Dich ganz nach dem Tod.

Du willst gesegnet sein?

Du willst gesegnet sein,
so siehe die „Sünderin" zu Jesu Füßen,
die ihre kostbare Narde so kostbar machte,
weil sie sie auf Jesu Füße ergoß.
Dachte sie an Segen?
Du willst gesalbt sein,
so salbe GOTTES Füße
mit dem Salböl Deiner LIEBE,
so wie die „Sünderin",
der alle Sünden vergeben waren,
ob ihrer
GROSSEN LIEBE.

EIN BEKENNTNIS

Ich möchte ein LIEBES – Verströmender sein,
ganz, wie der Sonne wärmender Schein,
einer, der Liebes – Salbung verströmt
und aus dessen Herzen es tönt:
Ich liebe alle, und alles Leben
und möchte durch ständiges Liebe – geben
alles näher zu GOTTES Herze erheben.

Ein Hohelied der Liebe für Dich

Die LIEBE ist nicht laut und lärmend, die LIEBE tituliert sich nicht, die LIEBE ist aber leis und still und wirkt im Verborgenen. Die LIEBE leidet mancherlei Schmerz, doch sie verurteilt dafür nicht. Die LIEBE widersetzt sich nicht, dennoch überwindet sie Hindernisse, wie das Wasser des Stromes sich ein Bett sucht. Kein Wissen über die LIEBE kann der LIEBE nützen, allein das Maß ihrer Unschuld macht sie so wertvoll. Das Vollmaß der LIEBE ist Glückseligkeit, doch nur ein geläuterter Mensch wird den rechten Weg dafür finden, denn auch Gold muß von den Schlacken geläutert werden. Allein Geld und Gold ist tote Materie für die LIEBE, die doch allein die ganze Lebendigkeit und das Leben ist. Auch Worte, wie diese sind nur eine Hülle, Gottes Wille ist die Fülle in der Stille. LIEBE stellt keine Anforderung, im Gegenteil, sie nimmt alles auf sich. LIEBE beeinflußt nicht und kontrolliert nicht, LIEBE wirkt um das Herz, wie das zarte Gurren der Tauben und ist frei wie der Adler in der Luft. LIEBE ist zarter als eine Feder, doch wie die Schwingen der Vögel beflügelt sie das Herz zu höchsten Höhen. Wie der Mensch Tunnel durch die Berge baut, wird die LIEBE ausgehöhlt durch den Ego-Willen des Geistes und die Erkenntnis des Verstandes. Alles Wissen der Welt ist wie Staub der Erde gegen die lebendigen Quellen der LIEBE. Diese Worte sind im Vergleich zur LIEBE wie ein Strauß abgepflückter Blumen, die in der Vase verwelken, aber mein Herz

eifert die unvergängliche Schönheit der
Rose der LIEBE zu beschreiben.

Erfüllung

Schweigen macht still.
Stille macht ruhig.
Ruhe macht kraftvoll.
Kraft macht liebend.
Liebe macht glücklich.
Glück macht erfüllt.

FLIEH DIE GEISTIGKEIT!

Geistigkeit ist wie ein Wind,
der nur taube Blätter find`;
Wirbelwind
wirbelt wild!
Menschen, hin und her gerissen,
die nur Wissen wissen müssen;
Wirbelwind
wirbelt wild!
Menschen, hin und her getrieben,
die nur die Erkenntnis lieben;
Wirbelwind
wirbelt wild!
Liebe ist wie Felsengrund,
fest verankert jede Stund`,
Felsenfest
Hält er fest!
Menschen, die in Liebe ruhn,
kann die Hektik nichts antun;
Felsenfest
Hält sie fest!
Menschen fest in Lieb` gegründet
Haben es schon oft verkündet:
„Flieh die Geistigkeit der Zeit,
ruh in Liebe allezeit."

GEFÜHLSWELTEN

Morgenröte der LIEBE weit und breit
Liebesschmetterlinge taumeln seligtrunken
Unendliche Sphären von Liebesmusik ertönen
Rosarote Liebesregenbogenfarben
Glückseligkeitsgefühle füllen alles aus
Harmonien verschmelzen in Wonne
Ich bin ein Herz und eine Seele
Mit meinem LIEBSTEN.

Geheimnis der Größe:

Wenn sich die LIEBE
aus LIEBE
erniedrigt.

Wahrlich, was ist die Höhe der Liebe –
mit ihren Wirkungen von Freuden, Wonnen,
Glückseligkeit und Verzückung ohne die
Tiefe der LIEBE, in der die Liebe aus Liebe sich
erniedrigt und Mensch wird aus Liebe zu den Menschen, –
sich aus Liebe in den Tod erniedrigt und zur Auferstehung
gelangt –, daß der LIEBENDE zu Nichts wird,
auf daß die GOTTESLIEBE alles wird.
Die Tiefe der Liebe bedingt die Höhe der LIEBE.

Gott kann!

Vollkommenste Persönlichkeit
ist Gott – Ähnlichkeit.
Das Wesen Gottes anzunehmen
wird Persönlichkeit erheben.
Doch ist der Weg gerad entgegen
den Persönlichkeitsentfaltungswegen.
Wir, die fleischlichen Gestalten
was soll man bei uns entfalten?
Unsre Gier etwa ausleben?
Oder Wut den Adel geben?
Nein, keine Psychologenheit
bringt Menschen zur Vollkommenheit!
Auch keine esoterisch Lehre
uns von der Fleischlichkeit bekehre!
Nein! Gar kein lernen und kein lehren
kann uns das Himmelreich bescheren!
Gott möchte selbst das Ändern tun,
wir brauchen nur still in JHM zu ruhn.
ER, Gott, er wirkt in seiner Weise,
zärtlich und sanft und mild und leise.
Gott kann, wo Menschen leicht versagen
Dich hin zum höchsten Wesen tragen.

GOTTES zarte LIEBE

Sanftheit und Zartheit sind die Qualitäten
In denen himmlisch-schöpferische Kräfte weben
Und in den höh`ren Liebes-Lichte Energien
Ist es ein sanftes, zartes Glühen, Ziehen.

Das willenstarke Antriebs-Drängen
Kann höh`re Kräfte nur bezwängen –
Doch zwingen lassen sie sich nicht,
entringen sich der nied`ren Sicht.

„Mein Kind, die Liebe ist gelind,
das fühlte schon der Mutter Kind.
Wie ICH DICH LIEBE, sanft und fein
Kann es nicht zart und zarter sein.“

GOTTES ZEIT

Gottes Zeit und Ewigkeit
fließt bis in Unendlichkeit.
Gottes Zeit ist Gegenwart,
fließt beständig weich und zart.
Gottes Zeit ist liebend Sein,
fließt in alle Herzen ein.
Gottes Zeit: im Jetzt und Hier
Steht die LIEBE vor der Tür.

GOTTESBLÜMLEIN

Eines Blümlein Angesicht,
viel von GOTTES LIEBE spricht,
zarte Blütenblätterrunde
sagt Dir GOTTES Liebeskunde,
weiche, zarte Blütenpollen
GOTTES LIEB` beschreiben wollen,
süßer Nektar, leicht versteckt,
damit GOTTES LIEB Dich neckt,
schön und zart ist GOTTES SEIN,
das siehst Du schon am Blümelein.
Und Blümlein will bewundert sein,
ganz so, wie GOTTES Liebesschein.
Und nicht nur das, sei wie die Biene,
sie trinkt die LIEB` mit Glückesmine.

Göttlicher Hochzeitstraum

Gelockte Schönheit lichter Himmelswesen,
ich möchte in den Auen Deines Schoßes zelten,
umspielt vom Träufeln Deiner Liebesweisen
ganz in den Herztraum Deiner Liebe reisen
und deine glockenklare Stimmen singen hören,
auf daß sie mich in Zärtlichkeit betören,
mich an die Lieblichkeit der Wonne schmiegen
und mich in Seligkeit einzuwiegen,
daß Deines Schöpfungstraumes sinnen
gestaltend in mir anfängt zu beginnen,
damit vollendete Erfüllung
gelangt zur herzenstiefen Stillung
der Weltenweiten Seelensehnung
in bräutlicher Mensch – Gott – Vermählung.

Größte Frage

Aller tage
größte Frage
ist, wie wird Liebe mehr
auf dieser Welt.

Aller Tage
größte Plage
ist, daß LIEBE nichts
mehr zählt!

Aller Tage
größte Waage
ist, hast Du Dich denn
zur LIEB` gestellt?

HERBSTTRAUER
oder DER WEG DES LJCHTS

Wenn schwer und grau das Herbstgewölk
Dir lastet im Gemüt,
die letzte Rose still verwelkt,
der Amselschwarm gen Süden zieht,
das Blätterlaub nach Moder riecht
und Nieselregen fällt,
der Jgel sich zum Schlaf verkriecht
und Trauer dich befällt,
dann denke dran, wenn längste Nacht
ist Wintersonnenwende,
Dir bald der Frühling wieder lacht,
die Schwermut geht zu Ende!
Der erste Krokus kündet es,
der Märzenbecher sprichts:
„wer still ausharrt, der findet es,
wer aufgibt, findet nichts,
die LJEBE überwindet es,
sie ist der Weg des Lichts".

Herzens – Tränen – Saat

Der stumme Schrei nach Liebe,
er ist das Seufzen aller Kreatur;
er schwelt in allen Landen
und findet Härte nur.

Das Raunen und das Murmeln
das Wispern und das Rufen
im Wald, in Bächen und im Herzen,
das findest du auf allen Stufen.

Wo sind die Gott – Geweihten – Seher
Wo sind die Liebenden vereint,
in Alles – Einheits Lebens – Nähe,
und haben Tränen des geweint

Und haben mit den Herzens – Tränen
Erlösend Liebe ausgegossen,
die heilig – heilsam in der Stille
zu allem Leben hingeflossen?

Herzentflammung

Kühle Gefühle
brauchen wieder Feuer
um das Ungeheuer
des Erkalten
aufzuhalten.
Soll Herzenskälte
nicht in Bälde
zur Erfrierung führen
zum globalen Frieren
müssen Herz - Entflammte
in jedem Lande
gemeinsam Liebesfeuer schüren.
Brennendes Verlangen
muß in Dir anfangen
Deiner Seele Gottesfunke
kann schon jetzt in dieser Stunde
sich entzünden und verbinden
mit den Gottes - Vaters brennen.
Laß Dein Machen und Dein Rennen
Ruhe stille, werde stille
in gefühlvollem Verlangen
und Dein sehnsuchtsvolles Bangen
wird zur Liebesfülle.

Höchste Erfüllung

Der Geist braucht Bestätigung –
Der Körper Befriedigung – doch die Seele Erfüllung.
Höchste Erfüllung
ist Gottseligkeit
oder Glückseligkeit,
die Verzückung oder Ekstase
der LIEBE.

Hölle und Himmel

Die Hölle, das ist Angst und Schmerz und Einsamkeit, –
der Himmel, das ist LIEBE bis in alle Ewigkeit –
die Hölle gibt es also auch schon in der Zeit,
doch da, wo Liebe wohnt, wohnt auch die Seligkeit.

Wo Liebe ist, ist keine Einsamkeit,
denn Liebe schenkt sich einem Du,
den Liebenden füllt die Gottseligkeit
und sie fließt dem Geliebten zu.

Die Mutterliebe, sie gebärt mit Schmerz,
auch die Geburt der All-Liebe tut weh,
da weitet sich das alte, enge Herz,
doch ist's vergessen, wenn man Liebesfrüchte seh.

Wird LIEBE völlig, löst die Angst sich auf,
denn ganze Liebe schenkt Dir große Sicherheit.
So führt die LIEBE aus der Hölle Lauf,
gerad hinein in Himmels-Seligkeit.

Kleine Ode an die Liebe

Komm, Liebe komm, wirke zum Licht,
durchlichte die Dichte, schaff Lichtung
verwehe die Schwere, begehre mehr Leben
komm webe, erstrebe die lichtvolle Fülle
verkläre die Fülle, wirk Stille, beginne
zu mehren das Leben, oh Fluidum der Liebe.
Oh'n Licht ist Umnachtung, umnebelnde Schwärze,
komm Liebe, komm lichtende, leuchtende Kerze
und hülle mit lichtvollem Schein unser Sein.

KURZANDACHT

Es gibt einen heilsamen Schrecken:
das Erschrecken über die eigene
Lieblosigkeit oder das Fehlen von Liebe.
Es ist dann heilsam, wenn man
Gott als Gott der Liebe kennt und
es eine intensivere Hinwendung zu
Gott bewirkt in der Gewißheit: Gott
schenkt Liebe. Nun jedoch liegt
es nicht am Bitten oder Flehen, sondern
daran sich Still beschenken zu lassen.
Aber ist das nicht Gnade und ein aller-
größtes Wunder, daß Gott dem Lieblosen,
der über seine Lieblosigkeit erschreckt,
LIEBE schenkt, anstatt ihn für die
Lieblosigkeit zu züchtigen? Und ist
dieses „Einschenken der Liebe Gottes"
nicht die höchste Abendmahlsfeier, ein
wahres Liebesmahl, da Gott seinen „Wein
der Liebe" und das „Brot Seines Wesens"
austeilt?

LEBENSMELODIE

Wenn Wohlbehagen Dir erblüht
und Wohlbefinden in dir glüht,
dann singt Dein Herz ein frohes Lied
in wellenförmig Liebesringen,
in fühlensfarbig Seelenschwingen
durchdringt die Welt mit Harmonie
und schwingt in holder Melodie
zu seelverwandter Symphonie.

Doch wie das Wohlbehagen mehren,
wenn Sorgen unser Sein beschweren,
die die Gefühle ständig leeren?
Ein Vogel braucht nur Sonnenwärme,
daß er in frohen Liedern schwärme.
Und selbst bei hellem Schein der Sterne
singt Nachtigall in milder Nacht.
Was ist es, daß ihr Herz so lacht
und sie sich keine Sorgen macht?

Ich glaub, das Fühlen ist verdrängt,
weil unser Denken uns beengt
und das Gefühl ins Denken zwängt.
Genug der Mahnung, laß die Triebe
sich fließend äußern in der Liebe,
dann wird der Lebensfluß nicht müde
und in dem Fluß der Energie
erweitert sich die Harmonie
und singt das Lied der Lebensmelodie.

Lebensschiff

Dein Lebensschiff
muß in der Ruhe verankert sein,
um geladen und gefüllt zu werden.
Solange Du
in den unruhigen Wellen des Lebens
dahintreibst, bleibst Du leer.
Sei in der Stille der Ruhe
verankert,
im Herzen GOTTES
und Dein Herz füllt sich
mit LIEBE.

Liebe ist mehr!

Liebe ist mehr als Geben,
Liebe ist mehr als Leben:
Erst durch Liebe wird
Leben lebenswert;
Erst durch Liebe wird
Leben liebenswert!

LIEBE kann

Wie kann ein Lied entstehen,
wenn nicht die Seele singt;
wie kann man Farben sehen,
wenn nicht die Seele schwingt;
wie kann man Liebe fühlen,
wenn nicht die Seele liebt;
wie kann man Leben spielen,
wenn Gott den Takt nicht gibt;
wie kann man Leben leben,
wenn nicht die Liebe siegt,
die Gott uns hat gegeben
und die uns kann erheben
aufwärts mit Liebesflügeln fliegt.

MINI-MANIfest

Der Mensch der Unruhe:
er findet keine Ruhe um Ruhe zu finden.
Der Mensch der Ruhe:
er sammelt Ruhe, um in gesammelter Ruhe
weitere Ruhe zu sammeln.

So wie Nordpol und Südpol polarisiert sind,
so ist Unruhe und Ruhe polarisiert.
Wird die Unruhe zum globalen Weltenpol,
ist es möglich, daß die Weltfamilie in den
Sog des Strudels von globalen Krisen fällt.
Ruhepolung ist allerwichtigste Grundlage,
um die Grundfeste der Erde zu festigen,
um globale Krisen zum abklingen zu bringen
und die schöpferischen Energien freizusetzen
zur Bewältigung der globalen Zukunft.

NABE(L)

Willst du etwas bewegen,
so gehe zum Zentrum des Rades,
zur Nabe.
Die Nabe ist die Stille. –
Der Nabel der Welt
ist in Dir.

Nicht in Wort und Begriffen

Ich suchte die Liebe, doch ich fand sie nicht,
Ich suchte die Liebe und ich schrieb ein Gedicht,
Ich suchte die Liebe, doch im Wort war sie nicht,
Ich suchte die Liebe und ich sah ein Gesicht:

Ein Gesichtlein voll Wonne,
ein Gesichtlein voll Glück,
sah ein Baby in Wolle,
kam die LIEBE zurück!

Nicht in Wort und Begriffen
Kam die LIEBE zu mir;
Nur im Fühlend ergriffen
Lebt die LIEBE allhier!

POESIE der STILLE

Füllefließen
Wonnengießen
Gefühle sprießen
Wie Blumen:

Die zartrosa Rose des Mitgefühls
die strahlende Sonnenblume der Freude
die lila Lilien der Herrlichkeit
Mohnblumenfelder der Erfüllung
Moose des Friedens
Most der Erquickung
Öl der Salbung
Honiglieblicher Wohlgeruch des Himmels.

Religionen II

Was haben viele Religionen
im Namen GOTTES schon gemordet
und Priester haben
Kriegsgerät gesegnet.
War`s nicht Verrat
an GOTTES Wesen,
an der LIEBE?
Denn Liebe toleriert
und läßt dem Anderen
die Freiheit.
Was nützt Religion,
wenn nicht der Liebe Mitgefühl
zum Herzschlag allen Lebens wird?
Was nützt Glauben,
der nicht Liebe wirkt?
Da möchte ich lieber ungläubig
mich nennen
und liebend Andersdenkenden
die Hände der Versöhnung reichen!

ROSE und MOHN

Die rote Rose, stark und stolz
wächst dornenhaft aus Wurzelholz:
der Liebe Sinnbild.

Der rote Mohn, so sanft und blaß
wächst unschuldig im Felder Gras:
der Liebe Inbild.

Ruhen in Gottes Schoß

In Deinem Schoße,
weichzart wie Moose,
ruhe ich still.
Aus deinem Schoße
Duftet die Rose –
Liebesgefühl.
Und ich Dich kose,
kose, liebkose
die ganze Füll.
Los laß ich, lose,
los und gelöst,
geb ich mich hin.

Ruhepolung

Völlig Stille
Gänzlich Stille
Fühle Stille

Denn der Wille
GOTTES ist
Ganze Fülle

Stille eint
Stille heilt
Stille. Stille.

Geistesstille
Herzensfülle

SOLANGE

Solange es noch weiße Hochzeitskleider gibt,
solang man noch die Kinderwagen schiebt,
solang man sich noch Liebesbriefe schreibt,
solang der Dichter noch nicht schweigt,
solange das Eine, Reine bleibt:
die LIEBE.

Solang noch Beter Gottes Stimme hören,
solang noch Ketzer die Systeme stören,
solang noch Gott das Weltgericht verschiebt,
solang man noch die Krüppel liebt,
solang das Eine, Reine bleibt:
die LIEBE.

Solang noch Einer widersteht,
und nicht den breiten Weg der Masse geht,
solang es noch ein Quäntchen Stille gibt,
solang man einen Andern mehr als sich selbst liebt
solange das Eine, Reine bleibt:
die LIEBE.

Solang
fällt
diese Welt
nicht in den Bann
der Finsternis,
das ist gewiß!

Spannungen

Echte Liebe
Gleicht Spannungen aus.
Die Kinder der ganzen Welt
sind das Hauptpotential
Spannungen auszugleichen.
Deshalb, Menschen, achtet
sehr die Kinder, denn es ist
eine undankbare Aufgabe
Spannungen auszugleichen,
denn die Liebe möchte
ohne negative Spannungen
in der Anziehung des Guten
erblühen.

STILLE – GIPFEL

Stille, Stille, Stille,
bis zur Fülle.

In der Fülle
wieder Stille,
daß die Fülle überquille.

In dem Quillen
wieder Stille,
bis zur Fülle
aller Füllen.

Und die Fülle
aller Füllen
wird die Sehnsucht
aller Menschheit
stillen.

STRÖME LEBENDIGEN WASSERS

Das Genießen der Genüsse
in dem Fließen süßer Flüsse
honigwonniglicher Güsse,
die ergossen von dem Throne,
von dem Vater und dem Sohne,
sich ergießen voller Fülle
in dem Ruhen holder Stille,
sind die Wonnen vollen Lebens,
und sie fließen nicht vergebens,
denn sie füllen Herzenswände
und sie rinnen ohne Ende,
Atmosphäre höherhebend,
Lebensspendend, Lebensgebend,
Liebe, Freude, Friede webend.

LIED „SYMPHONIE der POESIE"

Meine Seele braucht Poesie!
meine Seele braucht Melodie!
meine Seele braucht Fantasie!

Komm in das Land der Träume.
Komm in die bunten Räume,
wo die Kaskaden der Lichter zerfließen.
Komm in die Ebenen
wo Dir Visionen begegnen
und sich die Ströme der Wonne ergießen.

Poesie und Fantasie
verlaß mich nie!
schmieg dich an mich
wie eine Melodie.

Komm und versuche zu fühlen
bevor sich die Seelen verkühlen.
Komm in die Sphäre der Leichtigkeit.
Komm in die Seelengalaxien,
wo die Gefühle hell glühen.
Komm in die All-Liebes-Ewigkeit.

Zeremonien
Schaffen kein Glühen
Fantasiepoesie
Komm glühe, glüh!

Komm zu den Metamorphosen des Lichts.
Siehe das himmlische Angesicht,
hell leuchtet der Schein.
Erhebe Dich Seele und werde frei,
fleißig wie ein Vogel und sing und schrei,
bejahe Dein Sein.

Poesie vergeht nie.
Fantasie ist frei!
Liebe sei,
Dein Herzensschrei!

Kommt laßt uns in Liebe wiegen.
Kommt und laßt die Liebe siegen.
Liebe ewig bleibt.
Poesie, mal Liebesfarben,
laßt uns immer Liebe wagen,
Liebe, die nach Leben schreit!

Melodie der Poesie
durch alle Welten zieh!
Ende nie!

TOD AM KREUZ

Gallenbitternis
ergoß sich
scharf und beißend
wie schwarze Gülle
aus dem Schlangenloch
der Bosheit.

Neidgelbe scharf-
stechende Augen
bohrten fahlglimmende
Blicke voller
Gier und Tücke.

Aschgraue nackte Angst
saugte schwarze Löcher
abgrundtief in die
Leere der Sinnlosigkeit
und des Schreckens.

Hassprühende
Funken lodernder
Vergeltungssucht
umzüngelten
in zornigwütendem
Vernichtungswillen.

Schmerzstechende
Dornenqual
Peitschte lähmende
Stacheln der Peinigung
In ohnmächtiger
Erduldung.

Das unschuldige Blut des Lammes troff erlösend,

und myriaden Engel frohlockten anbetend ihrem Gott
und selbst die Steine priesen den Bund der Versöhnung.

Träume

Die Räume
zum Träumen
werden enger.
Wo keine Stille mehr ruht –
im sprachlosen Verstehen –
im Fühlen der Sinne –
im Einssein der Herzen –
fließt keine LIEBE mehr.
Träumen heißt:
erschaffen im Fließen des Gefühls.

UMPOLUNG DES LEBENS

Ein Leben in der Liebe
ist nur durch Leben in Ruhe und Stille
noch möglich.
Das, was zum Erkalten der Liebe beiträgt –
wie prophezeit – ist die fortschreitende
Ruhelosigkeit in der Gesellschaft.
Das, was die Liebe anfacht
und sie erneut zum Brennen bringt,
ist geradezu eine Umpolung des Lebens
auf eine Kultur der Ruhe und der Stille.
Wer die Frucht der Liebe genießen
möchte, und die Schönheit der Blüte
der Liebe bewundern möchte, der muß
die Wurzeln der Liebe mit Ruhe
begießen, und nur was stille hält
gedeiht.

VATERLAND

Die Elemente erscheinen in Polarität,
ein Anziehen und ein Löse!
Gespalten erscheint die Dualität
getrennt in Gut und Böse.

Gewissen wertet aus dem Verstand,
aus Schlechtigkeit und Reinheit;
das Herz bleibt doch mein Vaterland:
das Fühlen lebt in Einheit.

So wohne in der LIEBE Heimat,
in liebendem Anziehen,
dann wohnst Du auch in Gottes Heirat
und Dein Gefühl wird glühen.

Veranlagung und Lebenskunst

Immer auf zu höh`ren Fäden,
Leben ist für mich ein weben
in den hauchfeinen Gespinsten
und den zartgewob`nen Künsten.

Das ist meine Grundnatur,
Erbanlaggesetzte pur,
doch dies immerhohe Sinnen
ist ein kräftezehrend Spinnen.

Und vonnöten ist`s deswegen,
öfters Pausen einzulegen,
die Gefühle wieder stärken
und zu rasten von den Werken.

Liebefühlend, freudefühlend,
leb ich schlichter – auch als Dichter –
doch wenn Seele sich echt labt
hab ich Lebens-Hoch gehabt.

Lebenssprühend Fühlenshöhe
ich als Höchstes dann verstehe
und die gar so hohen Künste
sind mir eher Luftgespinste!

LIEBE MACHT BLIND?

„Liebe macht blind", das ist ein Satz von Blinden,
die selber keine LIEBE finden.
Der Fall ist gerad das Gegenteil,
das zu beschreiben, ich nun eil.

Die LIEBE ist das stärkste Licht,
das selbst den Blinden auch noch sticht,
drum macht die LIEBE auch nicht blind,
die LIEB` macht sehend, hör mein Kind.

„Man sieht nur mit dem Herzen gut",
sagte Saint Exupére
denn in der Herzensliebesglut
ich auch verborg`nes seh.

Gott, der die LIEBE ist, schuf Sonnenlicht
Und abertausend Sonnengalaxien,
glaubst Du, daß LIEBE Licht gebricht,
da selbst die Sterne ziehen?

Wenn Du willst ganz erleuchtet sein,
dann tauche in die LIEBE ein,
die Gott auch für Dein Herze schenkt,
der Gott, der alle Welten lenkt.

Version 2

Daß Liebe blind macht ist ein Satz von Blinden,
die in dem Herzen keine Ruhe finden,
wie kann ein Herz denn leuchten,
wenn es verfinstert ist in Sünden?
Es kann die LIEBE nicht ergründen.

Die LIEBE GOTTES, sie macht sehen,
der LIEBE LICHT wird nicht vergehen,
der Sünden dunkle Wolken schwinden,
wenn Heilgen Geistes Brisen wehen.
Dann wirst Du sehen.

Version 3

Wenn Liebe blind macht,
dann wirkt Sonnenlicht die Nacht,
oh, welche tolle Logik
ein Blinder sich hat ausgedacht.
Die LIEBE lacht.

Gott der LIEBE schuf das Licht,
Liebenden kein Licht gebricht,
Gott schenkt LICHT und LIEBE.
Suchst Du Gottes Angesicht,
fehlt dir auch die LIEB nicht.

Wenn Du liebst, dann wirst Du sehen,
mehr als des Verstandes blähen,
tief und ins Verborgne,
sehend wirst Du einst eingehen,
liebend selbst im Lichte stehen.

Visionen und Träume

Das, was für den Geist Visionen sind,
sind für die LIEBE träume.
Sage nicht, daß Träume Schäume sind,
denn für die Seele sind die Träume
noch wertvoller als Wahrheit für den Geist.
Und jenes, das die Seele nährt
gibt ganzem Menschen Kraft,
wie wohl des Geistes Suggestionen
viel eher Blasen sind, die platzen,
und Luftgespinste, die vergehn.
Doch was die LIEBE träumt, erträumt,
das hat das Fundament der Seele,
die uns von Gott gegeben,
aus der das Leben kommt.

WAHRHEIT und LIEBE

So bringt die Wahrheit Klarheit
und doch nur in dem Geist –
was nützt größte Klarheit,
wenn das Gefühl vereist;
denn nur der Liebe brennen
schenkt höchstes, helles Licht,
ich will sie göttlich nennen:
der „Wahrheit Angesicht".

So ist der Wahrheit Auge
und heller Sinnenschein –
das Einzige, das tauge –
die LIEBE ganz allein,
denn wie der Seele leuchten
im Aug` sich wiederfind,
ist alles, was wir bräuchten:
die LIEB` – sonst sind wir blind!

Was ist Erfüllung

Das Füllen mit der Fülle führt zu Erfüllung.
Worin liegt die Fülle? Allein in GOTT!
Was ist Erfüllung?
Wenn ich ein gutes Gericht esse? Das ist Genuß.
Wenn ich mit einer Frau schlafe? Das ist
kurzzeitiges Glücksgefühl.
Wenn ich eine Familie und ein Haus habe?
Das ist liebende Fürsorge.
Wenn ich mir jeden Wunsch Erfüllen kann?
Das ist materielle Freiheit, doch materielle Freiheit
wird nie zur Erfüllung führen.
Was ist Erfüllung?
Das Gefülltwerden mit der Fülle GOTTES!
Erfüllung ist kein vollendeter Endzustand,
es ist ein Fortgang von immer wieder
neuem Einfließen, Einfüllen von GOTTES Fülle.
Was ist GOTTES Fülle?
Das Geheimnis wird wohl kein Mensch
definieren können, denn GOTT ist
kein Mensch und kein Ding.
Worin besteht das Erfüllen mit der Fülle
Bis zur Erfüllung?

Bist Du leer, so kann GOTT füllen.
Bist Du in der stille, ist dein Geist
ruhig geworden, ganz still, so kann GOTT
füllen, Seine LIEBE in Dein Herz.
Immer mehr füllen, bis zur Erfüllung.
Erfüllung wird Seligkeit sein für dich,
und Du wirst GOTTES Wünsche erfüllen,
das ist Erfüllung.
Zu keinem Geringeren bist Du berufen.
„Ich liebe Dich", spricht Gott,
„mit glühender, unaussprechlicher Liebe.
Ach wenn dein Herz doch erglühen würde
und anfinge zu brennen, bei diesen Worten.
Willst du Erfüllung? Ich will ein
Feuer anzünden auf dieser Welt, das
Feuer der Liebe und ICH habe keinen
größeren Wunsch, als das dieses Feuer
Schon brennte!
Vergeude und vertrödle Dein kostbares
Leben doch nicht mit Nichtigkeiten,
ICH will Dich füllen, will Dich zur
Erfüllung bringen.
Sei still und werde gewahr,
ICH bin Dein Gott."

Weile, weil es Gott so gut meint

Weile, weile,
nur nicht eile!
Verweil ein wenig
auf dem Ruhelager
Seiner Liebe.
Nichts kann Dir
entgehen jetzt
als tiefer in das Fühlen
Seiner Liebe einzugehn.
Diese Stund` ist kostbar –
kommt nicht wieder. –
Drum weile, weile
jetzt, verweile jetzt.
Ich sage Dir,
es gibt kein köstlicheres
Ding auf Erden,
als in Seinem
Liebesarm ruhn.

Wen da dürstet,
der wird trinken
von dem Quell des Lebens;

der wird wachsen
wie ein Baum,
der am Bache wurzelt.

Seine Frucht wird köstlich sein,
und wie ein Balsam seine Blätter
und wird Liebesäpfel tragen.

Fest gewurzelt und gegründet
In der Liebe,
das ist Leben.

Zwei Wege

Der Weg der Geistigkeit
hat viele Seiten,
es gibt die christlich Geistigkeit,
die esoterisch Geistigkeit,
die Geistigkeit der
Wissenschaft und Technik.
Der Weg der LIEBE
ist ein einger Weg,
weg von der Geistigkeit,
hin zu der Mitte.
Des Herzens Mitte ist die LIEBE und
in der Mitte ist das Herz.
Des Kopfes Geistigkeit
kann es nicht fühlen,
des Triebes Lust
lebt es schnell aus.
Wer liebt, der fühlt
die LIEBE, und wenn er
stärker liebt, dann
fühlt er Seligkeit.
Glückseligkeit ist
tiefstes Sehen
aller Menschen.

ZWEIFEL

Für die Liebe kämpfen
und gegen das Böse kämpfen,
ist es nicht das Gleiche?
Und wenn es nicht das Gleiche ist,
wann bin ich am ringen für die LIEBE?
Und wann am Kämpfen gegen das Böse?
Wann bin ich ein Kämpfer gegen das Böse?
Und wann ein Überwinder für die LIEBE?
Wie kann die LIEBE allein
alles Böse überwinden ohne zu kämpfen?
Denn ich wollte doch immer ein Liebender sein
und kein Kämpfer!
Durch Stille konnte ich immer überwinden,
weil „ER" es tat „in mir".
Durch liebende Stille.
„Gott lieben von GANZEM Herzen,
mit GANZEM Verstand und mit ALL meiner Kraft."
WILL ICH DICH GANZ LIEBEN,
muß ich vieles lassen.
All das, was meine Aufmerksamkeit
wegziehen kann von DIR.
Und ich muß wieder mich läutern lassen,
denn meine Liebe muß von DIR
veredelt werden um echt zu werden.

SCHWEIGEN

Schweigen, schweigen,
Herzen neigen
Vor dem stillen LIEBESlicht;
Schweigen, schweigen,
tönt ein Reigen
vor des Himmels Angesicht.

Willen stillen
und erfüllen,
was das Herz schon lang erdacht;
Willen stillen
und sich füllen,
daß das Herz ganz selig lacht.

Sonett LABEN

Schweige schön,
die Stille labt Dich,
nur der Wind, er säuselt noch,
nicht zu sehn
und doch so löblich
salbt die Liebe Herzen doch.

Still erhebet
Gottes LIEBE,
was da lebet
stärkt Sein Friede.

Quellende Stille

Tönen auch die Stimmen,
schwimmen durch die Lüfte,
drinnen sind die Düfte.
Voller Liebessinn,
gebe ich mich hin.

Düfte von den Quellen
Wellen innen quellen
hellen Weines Füllen
zart und sanftiglich
Du, mein Du und ich.

Öffne DICH

Verschließ Dich nicht vor dem Licht,
sonst wird Deine Seele dicht
und kein Schein komm herein –
dann fühlst Du Dich allein.

O öffne Dich dem Licht,
das scheint vom Gottgesicht,
das Gottgesicht in Dir
weckt wieder Dein Gespür.

Du fühlst Dich hell und klar,
Vergangenes, was war;
Die Gegenwart erhellt
bist Du ins Licht gestellt.

Lied ums Einssein

Nicht nur diese Zeit auf dieser Erde:
Gott umfasst die Ewigkeit und alle Sterne,
Gott umfasst Unendlichkeit
und mein Geist ist auch so weit.

Ich liebe doch mit jeder Zelle
meinen Gott und es wird helle,
liebend weitet sich mein Geist,
bis er allumfassend preist.

Liebend leg ich meine Hände
in die Ewigkeit ohn' Ende,
sanft berühr ich Seine Hand
und bin dann im Himmelland.

Stärke meine Liebeskraft,
bis sie die Ekstase schafft:
die Vereinigung der Seelen,
die in LIEBE sich vermählen.

VOR GOTT

Ich brauch nicht bitten,
ich brauch nur hören,
ich brauch nicht betteln,
ich brauch nur bereit sein
mich beschenken lassen
ALLES IST DA.
Doch LIEBE will dem Andern gefallen.
Sei schön vor Gott
und halte Dich anziehend,
bereite IHM Freude,
und Seine LIEBE zu Dir
wird so groß,
dass Du ein Liebling Gottes wirst.
Ich will immer ein Liebling sein!

SCHMETTERLINGSLIED

Wenn Schmetterlinge singen könnten,
was wär das für ein schönes Lied,
man glaubt der Himmel würde senden,
ein Lied, das aus Gottherzen zieht.

Es wären zärtlich Melodien
in feiner, schöner Harmonie,
die sonniglich in Lüften glühen,
so schön, daß man vergisst sie nie.

So glücklich und so liebesspielend,
so kindlich leicht und heftig sacht,
so zärtlich und so liebefühlend,
daß man sie träumte in der Nacht.

ZEITLOS

Es gibt eine Zeit ohne Zeit,
da ist Zeit Illusion.
Bist Du in den Ruhepol der Stille gekommen,
bist Du auf der Achse der Ewigkeit;
oder anders ausgedrückt
bist Du liebend mit Gott verbunden,
lebst Du in ständiger Gegenwart.

Liebe läßt sich schlecht in Worte fassen,
weil die Gefühle nicht in Worte passen.

Des Lebens Beere

Des Lebens Beere wird gepresst,
daraus der Wein der Liebe quillt.
O dank, daß Du nur nicht verläßt,
daß Du das Dürsten hast gestillt.

Die Frucht der LIEBE ist die Süße
der Seligkeit im Wonnekleid.
Ich küsse Deiner LIEBE Füße
und herze Dich in Ewigkeit.

GOTTWIRKEN in Stille

Lösend, erlösend liebt LIEBE Dich Licht
Lassend, loslassend liebt LIEBE Dich leicht
Kosend, liebkosend hat Gott Dich erreicht
Sammelnd, ansammelnd zieht GOTT-Angesicht.

Ruhigend, beruhigend füllt sich Reservoir
Starkend, erstarkend füllt sich Energie
Wärmend, erwärmend ist Liebe Dir glüh
Freuend, erfreuend ist Lebenslust da.

Neuernd, erneuernd fließt Gott-Lebenskraft
Weckend, erweckend fließt Gott-Liebesquell
Feiernd, befreiend die LIEBE fließt hell
Einend, vereinend die Liebe es schafft.

WUNDER

Wunder kommen mir gelegen
Wundervoll sei's auf den Wegen!
Wunderbar bejah ich munter:
Überall hat Gott ein Wunder!

Wunderhaftes Stillewunder!
Sitz ich still werd ich gesunder,
fühl in Muße volles Leben:
GOTTES LIEBES-Wunder-weben.

Wundersame Wunderliebe,
wenn ich auf den Flügeln fliege
des Glückseligkeiten-Flugs:
Wunder über Wunder wuchs!

DIE LIEBE LIEBT

Die Liebe liebt
die Liebe lebt
die Liebe labt
was gar so hart
das werde mild
was gar so wild
das werde zart;
Die Liebe liebt
die Liebe lebt
die Liebe labt;
die Liebe lobt–
was gar so tobt
das werde still
die Liebe will
geliebet sein
gelobet sein
gelabet sein:
am Leben sein
im Glückesschein.

GOTT-LICHT-SONNE

Grau ist weiß und schwarz vermischt,
kann denn so der Himmel sein?
Der Nächte schwarz, des Tages Licht
sei unvermischt – nicht grau und Licht
der Himmel sei doch blau und rein?

Wenn Liebe liebeshell erglüht-
beeinträchtigt darf sie nicht bleiben-
das trübe Wolkengrau verzieht
die Liebe sonnenstark erblüht,
nur Schäfchenwolken sich noch zeigen.

Geh durch! Geduldiges Ertragen
wird lichte Energie anziehen.
an jenen trüben, schwarzen Tagen
wir dennoch Liebesstelle wagen
und Gott-Licht-Sonne wird uns blühen.

GOTTESSCHLUMMER

Daß sich Deine LIEBE lagert
ist das Schönste in der Ruh,
wenn sich Deine LIEBE lagert
nimmt das Wohlbefinden zu.

Ruh', gut Herz, in süßem Schlummer,
hast viel LIEBESmüh gehabt;
es sei fern Dein Liebeskummer
und wach auf ganz frisch gelabt.

Deine Flügel werden heilen
in der LIEBE Harmonie;
brauchst Dich gar nicht zu beeilen,
GOTTES LIEBE endet nie!

POEM of LOVE

Liebe, Liebe, Liebe, – liebe Leute,
seid Ihr auch alle noch von heute,
oder seid Ihr schon von anno dazumal!
Liebe, Liebe ruft heut das Geläute,
Liebe, Liebe, Liebe singt die Nachtigall!

Es war einmal ein kleiner Spät-Poet,
der hatte lauter Liebesquellen eingesät,
er goß mit LIEBE täglich ohne Saat;
doch statt der Liebesquellen Distel steht,
der deutsche Boden war halt doch zu hart.

Da hat er die LIEBE selber beschworen:
„Ich bin für die Liebe doch geboren,
liebe LIEBE! Lieb' die Erd gesund!
Sonst sind alle Menschen verloren!"
Und poetisch tat er weiter LIEBE kund.

Doch sie hatten keine Zeit zu hören,
keiner sollte sie im Laufe stören,
des Poeten Minnesang wurd' leis'.
Doch die LIEBE sang in höh'ren Chören,
leise zwar – doch Erde wurde heiß.

Heiß und heißer, bis die Quellen sprangen
und die Liebe tat von Herz zu Herz anfangen
sich zu freuen, lieben, sich zu mehren
bis die LIEBENDEN sich Lieder sangen
und man legte weg das Buch der Lehren.

LIEBE ist gekommen

Alles sehnt sich nach der LIEBE,
jeder will geliebet sein,
daß des Gottes tiefer Friede
dringt ins Seelenherze ein.

Jeder fühlt sich angenommen,
jeder fühlt sich tief geborgen,
denn die LIEBE ist gekommen
und es fliehen alle Sorgen.

LIEBE kam und LIEBE kommt
in dem Ruheort der Seele;
LIEBE schenken ist's, was frommt
und mit LIEBE Dir nichts fehle.

ICH SAG DIR: SUCH DIE STILLE

Du sagst, Du bist ein Würmlein,
vermagst zu ändern nichts; –
dieweil Du bist ein Türmlein
und Träger Gottes Lichts.

Du sagst, Du kannst nichts ändern,
die Kräfte sind zu schwach, –
dieweil in allen Ländern
sind Schwache aufgewacht.

Du sagst, was soll ich machen,
mein Einfluß ist nicht groß,
dieweil hast tausend Sachen,
legst Hände in den Schoß.

Ich sag Dir: such die Stille
und Kraft und LIEBE blüht,
durch Deine inn're Fülle
das Gute sich anzieht.

WERDE

Gott sprach zu dieser Erde
einst sein „Werde!"
Meere, Berge, Süden, Norden
ist geworden,
doch auch Mann und Frau
zu tragen eine Schau
das „Werde" weiterzugestalten
im Schaffen und Walten –
doch vor allem in der Stille.
Wenn des Einzeln Herz sich fülle
Wird die LIEBE, wird das Licht
sich vernetzen, dicht an dicht
und die Welt wird angehoben.
Zeigt es nicht der Regenbogen:
GOTTES Bund steht immer noch.
Hebt mit LIEBESLICHT sie hoch!

SEELENSEHNEN

Ach hätt' mein Leben 1000 Jahre
und könnte ich in jugendlicher Frische
bis an mein selig Ende leben,
das Höchste Gut, das tät ich wahren
wär LIEBE schenken, LIEBE geben,
das GOTTESpotential vermehren
im Fluß der Salbung für die Welt;
ach könnt ich mich vollständig leeren,
daß ganze GOTTESfülle in mir hält
und ganz entledigt allem Wünschen, Wollen
ganz wie ein Leuchtturm LIEBE spenden,
es würde aus den Herzen den wonnevollen
Gott selber leuchten, ohn zu enden.

DIE GEIGE DES 7. HIMMELS

Der LIEBE Stradivari spielt
ein Lied von Tausendschönen,
sie streicht aus Herz die Zärtlichkeit
von GOTTES Liebestönen
und sanft erklingt die Ewigkeit
in liebendem Versöhnen.

Der LIEBE Stradivari spielt
ein Lied von weißem Flieder,
der schwebet zu dem Himmelreich
in zärtlichen Gefieder
und innig klingt die Ewigkeit
voll GOTTESliebeslieder.

Der LIEBE Stradivari spielt
ein Lied von LIEBESminnen,
das zieht von Herz zu Herz hin
und will in Dir beginnen,
es tönt so wonniglich verzückt
und spielt in allen Sinnen.

GLÜHEN ENERGETISCH

Die GOTTESLIEBE sei ein Glühen energetisch
und nur das Glühen in der LIEBE,
es vermag das Niedere zu ziehen,
das träge, lau und schwer
sich gar nicht gerne in Bewegung setzt.
So glüh! Mein Herz und meine Seele,
so glühe feurig flammengleich
und spar dir die Worte,
denn energetisch nur kommt die Veränderung,
Dein Fieber, Liebe,
ist ein Fieber der Gesundung.

GOTTES SALBUNGSMAHL

Sanfte Salbung säusle sacht,
hast mir Früchte mitgebracht:

Deine Pfirsichgüte,
Deine Erdbeerliebe und
Dein Traubenfriede,

mischt mit Milch und Honig an,
daß ich mich dran laben kann.

Gefühle sind unsterblich

Gefühle gehen nicht verloren,
Gefühle werden nur verschüttet;
Gefühle werden neu geboren
wenn's Herz wird einmal lieb gerüttelt.

Gefühle, die aus LIEBE sind,
sie können niemals, niemals sterben,
sie blühen wie bei einem Kind,
wenn sie recht angesprochen werden.

Gefühle sind aus jenen Stoffen,
die niemals, nie! Verloren gehen;
darum, mein Herz, bleibe in Hoffen,
daß gutes Fühlen wird Dir wieder wehen.

LIEBESKELCH

Stille, wo die Gebete bleiben,
Stille, wo Ecktritt großes Schweigen,
Stille, wo Worte sich zu Ruhe legen,
Stille, wo Gott beginnt zu pflegen,
Stille, wo Heil'ger Geist selbst wirkt,
Stille, wo man die Gaben birgt,
Stille, wo Gott in uns selbst spricht,
Stille, wo anfängt Liebeslicht;

Gottkind, Dir sei dies klein Gedicht,
klein ist's, doch wahrlich ein Kleinod:
Stille: der Wein und auch das Brot.

WIE INNEN, SO AUSSEN

Wie innen, so außen,
die LIEBE fließt drinnen,
die LIEBE fließt draußen,
befruchtet, erweckt,
was schwach sich versteckt,
denn LIEBEN schenkt Leben,
weil Gott sich gegeben
und durch uns sich regt
zu allem, was lebt:
SEINE LIEBE.

WIE OBEN, SO UNTEN

Wie oben, so unten,
wenn Hüter sich droben
in LIEBE erhoben,
GOTTKRÄFTE zu mehren,
so werden auf Erden
all Menschen es merken,
im Rennen nach Werken
wird Mensch sich besinnen
sein' Teil zu beginnen:
SEINE LIEBE.

Wer durch Leid gegangen
um GOTTESLIEBE willen,
der hat angefangen
GOTTES WILLEN
zu stillen
□

SCHMETTERLINGS-GLEICHNIS

Kindlich fliegt der Schmetterling,
sucht ein süßes Leckerding,
hat gefunden süße Blüte
schmeckt des Nektars süße Güte
und wie trunken vom Genießen
taumelt er zum nächsten Süßen.

So sei Dir Dein Stille-Weilen,
ein zu GOTTES Güte eilen,
wo der Nektar Seiner LIEBE
wartet zum Geschenk der Güte
und an LIEBE satt gelabet
hat sich Deine Seel' gebadet.

ICH BIN VERLIEBT

Ich bin verliebt in Dich, mein GOTT,
wie kann ich nur die Worte finden,
ich möchte Dich spüren fort und fort
und möcht mich nie DIR mehr entwinden.

Ich bin verliebt in Dich, Du LEBEN,
ich möchte Deine Wärme spüren,
Du hast mir ein Geschenk gegeben
und willst und beieinander führen.

Ich bin verliebt in Dich, Du LICHT,
ich liebe Deine Helligkeit,
seh sie in Dorles Angesicht
Du strahlst durch sie so gern befreit.

Ich bin verliebt in Dich, Du LIEB,
die Liebe macht uns eins mit DIR,
wenn alle andern sagen: „gib!"
nur LIEBE ist DEIN Herzenstür.

DU TRÄUFELST EIN

DU träufelst ein
der Träublein Wein
und läßt uns überglücklich sein.

DEIN Herzensblut
Floß uns zugut
und wandelt sich in Segensflut.

DU träufelst ein
im Stillesein,
das wird DEIN guter Wille sein.

LIEBE LEUCHTE KRAFT

Vieles ist recht traurig in der Welt,
weil das Band der Liebe noch nicht hält,
da doch diese schöne Erde
trägt in sich der LIEBE Werde!

Liebe Erde! Trau're nicht
Es kommt noch das schöne LICHT!
Licht der LIEBE wirst du tragen
in der Zukunft Erdentagen.

Viele Menschen wachen auf,
treten in der Welten Lauf
mit der LIEBELEUCHTEKRAFT,
die Gott in der Stille schafft.

Gold'ne Stille, ohne Worte,
du bist ja des Himmels Pforte,
aus der Stille quillt das Leben,
wird die Erde noch erheben.

LEBEN, LIEBE, LICHT und FÜLLE
wird erstrahlen aus der Stille
und die FREUDE wird dann kommen
uns'rer Welt unter der Sonnen.

SANFTE SALBUNG

Sanfte Salbung, salbst besänftigend,
was in Unruh sich so reibt;
ist die Welt auch oft beängstigend,
weil der Treiber hektisch treibt –
sanfte Salbung, salbst besänftigend.

Sanfte Salbung, salbest friedlich,
was in Zwist sich stur bekämpft,
ja, dein Wirken ist so lieblich
und der Krieg wird hier gedämpft –
sanfte Salbung, salbest friedlich.

Sanfte Salbung, salbest glücklich,
was sich sehnt nach deinem Herz
und in Stille, augenblicklich,
löst sich Angst und Zwist und Schmerz –
sanfte Salbung, salbest glücklich.

NUR DICH, NUR DU, NUR DEIN

Nur Dich, nur Du, nur Dein zu sein
und niemals nur für sich allein,
das ist allein schon Sonnenschein;
doch dazu noch geliebet sein
in einer Art, so zart und fein,
da jubelt laut mein Herzelein!

Und dann, zum Gipfel aller Freuden,
Dein DU, DEIN LIEB mir einzuleiten,
mich liebgefüllet zu bereiten
und noch dazu mich zu begleiten
zu aller Zeit in Ewigkeiten,
das kann die Seel' nur weiter weiten.

STUFEN

Geh die Stufen
in Dein Innres
immer tiefer
immer weiter
und Du merkst
es sind nicht Stufen
die da abwärts führen:
aufwärts gehen
die Stufen
wenn Du in Dich gehst.
Innen, oben
ist ein Rufen
ist ein Locken
lichter Sphären,
ist das Gurren
einer Taube,
lockt zum Licht
und gurrt von LIEBE:
klingen GOTTES,
Stille und lebendig.

LICHTKUGEL

Sonne,
Lichtkugel im Universum;
Herz,
Lichtkugel der LIEBE
GOTTES,
der beiden die Urform gab,
außen, wie innen;
Mensch,
Zentrum des Lebens der Erde
Planet der LIEBE zu werden,
Kugel
des LICHTS und der LIEBE,
Gott im Mensch
und Mensch in Gott –
Licht im Lichte
und LIEBE in LIEBE.

Das Lebenslied

Göttliche Geordnetheit
hält der Vater uns bereit,
wenn wir stille werden ganz
wird aus Unordnung ein Tanz.
Tanz im Rhythmus Seiner LIEBE
in der Melodie des Frieden.
Dies sei unser Lebenslied,
das uns in den Himmel zieht.

UNSER GUT

Wir haben eine Bejahung:
GOTT schenkte uns <u>sein</u> Leben.
Wir haben eine Bestimmung:
für alle zu werden ein Segen.

Wir haben eine Vorsehung:
in uns ist die Vision.
Wir haben eine Erhörung:
Gott erhörte uns schon.

Wir haben eine Beziehung:
ich und Gott und Du.
Wir haben eine Belohnung:
einzugehen in himmlische Ruh.

WORD DER WEISHEIT: In Gottes Liebe

In GOTTES LIEBE sein,
heißt nicht nur einfach lieb sein,
es heißt: lieblich sein.
Lieblich sein heißt Lieb-Licht sein,
ein Liebeslicht sein.
Das ist das Geheimnis der LIEBE GOTTES,
daß GOTTES LIEBE Licht spendet.
Ein Liebeslicht zu sein
ist die wahre Bestimmung
von GOTTES Lieblichen, von GOTTES Lieblingen,
von GOTTES Liebenden.
Lieblich sein heißt: eine Gaumenfreude sein,
heißt eine Zunge zu haben,
die liebliche Liebesworte formt,
die dem Andern eine Erhebung fürs Herz bedeuten
zu mehr Liebe und Glück.

WAS LIEBE VERMAG

Liebe ist das Sanfte, Zarte,
daß da auflöst alles Harte.

Liebe ist die Reduktion
von der Weltenagression.

Liebe ist die Höherschwingung
und der Erde Frieden-Bringung.

In der Stille-Liebesmehrung
findet Gott selbst die Erhörung.

RUHEFUNDAMENT

Ein Ruhefundament,
das ist der beste Grund
für Glück in Deinem Leben.

Wenn alles and're rennt –
nur Stunde und um Stund –
so haben sei's vergeben.

Das Fundament sei tief,
die Stelle sei gepflegt,
als GOTT „vollbracht" ausrief,
war Grundstein schon gelegt.

FRIEDENSARBEIT

Je länger Du der Stille lauschst
Dein als Bewusstsein Du austauschst,
des GOTTES LIEBE wirkt's, –
hast Du Geduld, ja hast Langmut, –
so wird am Ende alles gut, –
dies schlicht Geheimnis birgt's.

Wenn Du die Chance könnt'st ermessen,
würd'st all's and're gern vergessen:
DIE KRAFT LIEGT IN DER STILLE!
Dies ist die Arbeit für den Frieden,
denn dann kannst Du die Menschen lieben,
am Ende steht die Fülle.

Gottes Stimme

Nimm doch GOTTES LIEBE ernst –
Wenn Du Dich von ihr entfernst
fängst Du an zu leiden.
GOTTES LIEBE ist die Kraft,
die Dir Leben neu erschafft,
komm zu IHM beizeiten.

Wirst Du in der Stille lauschen,
hörst Du himmlisch-kosmisch Rauschen
und die leise, zarte Stimme.
Voller LIEBE liebt ER Dich
ganz von Herzen inniglich,
eine liebessanfte Minne.

Das gibt Dir den größten Halt,
wenn Gott redet in Dir bald, –
nimm die Worte ernst.
Denn es freut die Seele sehr,
wenn sie GOTTES Stimme hör,
Du sie kennen lernst.

Gottes Öl und Bestimmung

Gott ist Öl der Salbung.
Öl ist kindlich Liebesglückseligkeit.
Kindlich Liebesglückseligkeit ist die Essenz Gottes
und die Erfüllung des Seelenstrebens.
Wahre Weisheit ist alle Kenntnis
zur Erfüllung des Seelestrebens zu gelangen.

ROSEN-Wunder

Auf einmal schneit's vom Himmel weiße Rosenblätter,
wohl in der stillen, heil'gen Weihnachtsnacht.
Und alle Menschen laufen in das Wunderwetter
und tanzen in der weißen Blütenpracht.

Nur ein paar Weise stehen da, versunken
und sinnen über dieses Wunder, zart:
es schneit nun Rosenblätter schon seit Stunden, –
da ist es einem kleinen Mädel offenbart:

Der Welterlöser nahm von uns die Schuld,
daß unschuldig und rein die Herzen sein,
so rein und weiß wie Rosenblütenblätter
und wie ein Blütenfeld im Sonnenschein.

Stille-Arznei

Ich mag, wenn sich das Leben rundet,
wenn Seele sich erlabt, gesundet
in GOTTES gut Stille-Arznei.
Wenn Lebenskräfte sich neu wecken
und Lebensfreude Dich anstecken,
das Herz voll Balsam GOTTES sei.

Zufriedenheit sich wieder reget
und man die Musen wieder pfleget
in heiterer Gelassenheit;
das Quell der Liebe wieder rinnet,
man freudig seinen Tag beginnet,
man Frieden fühlet weit und breit.

Daß man, wenn's dämmert noch vertraut
und sieht: man hat es gut erschaut
und dankbar für das Leben ruht;
Man half das Gute zu vermehren,
es endet Wünsche und Begehren, –
ist Ende gut, ist alles gut.

LIEBESFÄHIG

Liebesfähig bist auch Du
wenn Du kommst wieder zur Ruh
und Dein Herz hörst wieder schlagen.
Wenn Du schaffst wie besessen
wird der Streß Dein Herz auffressen
an den kurzen Erdentagen

Liebesfähig bist auch Du
wenn Du kommst wieder zur Ruh,
hörst den Odem wieder wehen.
Gott hat Dir ein Herz gegeben
um damit LIEBE zu leben
und Habgier zu widerstehen.

Liebesfähig bist auch Du
wenn Du kommst wieder zur Ruh,
glücklich Dich am Tag zu freuen.
Segne liebend Mensch und Baum
und Dein Leben wird ein Traum,
dann brauchst Du auch nichts bereuen.

Für meinen Freund Hölderlin

Hoffen hält offen
die geblümte Seele, -
nur der Hastende
zertritt die Knospen
und ist nicht mehr fähig
die heilende Welt zu erhoffen.

Mannigfaltig die Kelche –
voll Säften des Lebens. –
Nur der Ruhevolle,
der Liebende hält inne
und kostet die Geschenke
die Gott uns gebar.

Hölderlin, mein Freund,
auch Du besangest die Liebe.
Nun ruhst Du im Himmel
in ganzem Frieden,
auch Freund der Liebe
und Gottes Liebling.

Freudenlied

Ich sing zur Freude aller lieben Wesen.
Ich sing aus Liebe zum Lebendigen,
mit schönem Klang kann man genesen
und die Musik kann Trübsal endigen.
Ich sing aus Freude an der Harmonie,
dann ich weiß GOTTES LIEBE endet nie.

Die Engel singen und die Vögel singen
der Menschen Lied soll auch erklingen
ein Herz voll Liebe singt ein Liebeslied,
daß bis zum Himmel aufwärts zieht.
Ich sing aus Freude an der Harmonie,
dann ich weiß GOTTES LIEBE endet nie.

Ref. Komm, liebes Herzlein, sing auch,
wir wollen halten einen schönen Brauch,
bevor wir wieder an die Arbeit gehen,
woll'n wir in LIEB und Lied zusammenstehen.

Liebeseifer

Sinne auf die Liebe lenken
nicht an Trug und Lüge denken,
sei gewiß, die Liebe lebt.
und halte Stille, bis
sich alles Sein erhebt.

Jede Blüte ist ein Siegel,
daß die Liebe verleiht Flügel!
Auf zum Licht, die Liebe siegt
und halt Stille, bis
das härt'ste Herz auch liebt.

In Prozuberanzen
Sonnenlichter tanzen!
Lauft und tanzt, die Liebe weht
bis das alte Herzeleid
im Licht der Liebe auch vergeht!

Zum Wohl

Zum Wohl, zum Wohl!
Zum Ruhepol!
Das Wohlbehagen neu beginne!
Erhol Dich wohl
und freudevoll.
Erneuere Dir Herz und Sinne.

Der Ruhepol sei neugegründet,
das liebend Herz sei neu entzündet,
im Licht der LIEBE: Heller Schein.
Zur Ruhe in der Stille   kommen,
in GOTTES LIEBESLICHT sich sonnen,
Wohl tritt das Wohlbehagen ein.

Zum Wohl! Schenk ein!
Es fließt des Gottes Liebeswein,
es fühlt die Seele Wohlbefinden.
In Stille fühlst Du GOTTES Frieden,
Dein Herz fängt stärker an zu lieben
und Ruhepol wird sich neu gründen.

Gezeiten der LIEBE

Hinauf in höh're Schwingungen,
der Himmel schenkt Dir Bringungen
in höherem Bewusstseinslicht.
Hinauf in die Bewegungen
der höher fein'ren Segnungen –
noch fällt die Grenze nicht!

Dann munter in die Senkungen
auch hier geschehn Dir Schenkungen
im Ruhegrund des Rasten.
Ausbalancieren Schwankungen
mit herzessüßen Dankungen
und neues Feld ertasten.

Des Wachstums Gezeiten
den rechten Weg bereiten
im Steigen und im Lassen,
daß Harmonie der Wellen
die Seele kann aufhellen
und Herz kann Liebe fassen.

TRAUMLIED

Laßt uns Träume neu erweitern
und an hellen Traumesleitern
aufsteigen zum höchsten Sterne,
ganz entflieh'n der Erdenschwere
und erheben in die Sphäre
zu des Traumes nächster Ferne!

Laßt uns in die Schlösser schweben
und entfliehen in die Fäden,
die die Luftgespinste bilden,
laßt uns weit und weiter weben,
alles niedere erheben,
in den höheren Gefilden!

Gebt den Träumen Energien!
Laßt sie uns zum Himmel ziehen
in den rosa Wolkenglanz,
laßt uns wonnefarbig glühen
laßt uns die Liebesherzen blühen
stimmt mit ein zum Lebenstanz!

Mystische All-Wandlung

Aus der Dornenkrone wurde Rosenkron
Aus dem Allesschöpfer wurde Gottessohn
Aus den Bluteswunden wurde Liebeslohn.

Aus Erkenntnisbaume wurden Kreuzesnägel
Aus den Sündennächten wurden Lichterkegel
Aus den Leichentüchern wurden Hoffnungssegel.

Aus Martyrium ward Metamorphose
Aus den Dirnenschenkeln wurde Unschuldsschoße
Aus der Kronendorne wurde Liebesrose.

Weitet Euch, Ihr Horizonte

Ein jeder träumt auf seinem Treppchen,
ein jeder träumt in seinem Bettchen
von seinen unerfüllten Träumen.
Ach, wenn die Träume weiter wären
und sie umspannten alle Erden,
bis zu den himmlisch hohen Räumen!

Wenn Träumeswünsche weiter fließen
und ganzes Erdenrund umschließen,
Bewusstsein würde sich erhöhen
und LIEBE flöße ohne Grenzen
in liebenden Lebensfrequenzen,
die Liebessonne wird aufgehen!

O weitet Euch, Ihr Horizonte.
Die, welche Liebe schön besonnte,
sie sollen alle Menschen sehen!
Das Liebesband im Erdenrund,
es liebe alle Welt gesund,
und alles soll im Glücke stehen!

Stille-Auftrag

Stille ist doch nie vergebens,
sie ist Ruhepol des Lebens,
jedes klein Minutchen zählt.
Kann das Chaos wirklich ordnen
von den kleinen Ruheorten,
daß man Liebe neu erwählt.

Stille halten nur ein Quäntchen,
daß der Lebensdocht der Menschen
nicht beginnt ganz zu erlöschen
und ein Funken Lebensfreude
sich neu austeilt hier und heute,
lasst uns nie im trüben fischen.

Laßt uns stille innehalten
im Gedränge der Gewalten
und dem Strudel widersteh'n.
Auch ein wenig ist schon viel
für das Herz und das Gefühl,
und es gibt ein Wiedersehn!

Ich beschwöre Euch, Ihr Menschen,
haltet stille nur ein Quäntchen.
Da wird es doch heller werden.
Ist im Herz ein Lichterschein,
wird's auch um Euch lichter sein
und am Ende auf der Erden!

Der Stille Geheimnis

Ich brauche keine Lehre,
ich brauch genau das Gegenteil;
wenn Intellekt hat eine Leere,
wird mir das Leben erst zuteil.

Ohne Sprache, ohne Worte,
unaufhörlich ihre Stimme,
wenn im Inner'n Fühlensorte
mir das Liebesfüll'n beginne.

Ohne Denken, ohne Wähnen,
nur auf's Fühlen still geacht
mag ich mich an Gott anlehnen
bis die Herzensfülle lacht.

Ohne Worte! Ohne lerne!
ist der Liebe Lichterschein,
wird in mir d. Liebessterne,
will ich nur ein Liebling sein.

Virtuos und Virtuell

Wird Leben wieder virtuoser,
da Welt wird weiter virtuell?
Blüht prächtiger die Lebensrose,
wenn Welt verblühet weiter schnell?

Wird Liebeslieder Himmel geigen,
da Welt im Alltagstakt nur schlägt?
Tanzen die Kinder noch den Reigen,
wenn Kinderherz die Lasten trägt?

Werden die digitalen Augen
vom Weltall in die Herzen sehn
und all die Kinderträume rauben
damit die Rosen untergehn?

Oder gelingt Metamorphose,
wenn die geheimen Priester weinen,
ob der verblühten Liebesrose
und sich zum einen Einssein einen?

Und Welt befällt ein tiefes Ahnen
vom Paradies, von Seligkeit
und von des Gottes Weltensamen
zu einer neuen Herrlichkeit!

Grundierung

Der Tag, er braucht Grundierung,
mit schöner Pinselführung,
damit er leuchten kann.
Der Tag wird kein Gemälde,
wenn ihm die Stille fehlte, –
fang ihn mit Stille an.

Der Tag er braucht Grundierung, –
er führt nur zur Verzierung
wenn Du in LIEBE lebst.
Vor allen schweren Arbeiten,
laß Dich in Stille leiten,
daß Du Dein Herz erhebst.

Von Innen wird sich Licht gestalten

Die Zeit entgleitet unser'n Händen, –
wer kann das Blatt im Lebensbuche wenden,
wer, wenn nicht uns're eigne Hand?
Soll Gott sich aus dem Himmel senden
um uns're Raserei zu enden,
wenn nicht die Seele findet Stand?

Doch Gott kam ja bereits zuzeiten,
um uns das Glück einzuverleiben, –
die Gottheit selbst kam auf die Erde.
ER kam um Himmel auszubreiten,
uns zu befreien von den Leiden,
daß in uns selber Himmel werden.

Wir brauchen einfach stillehalten –
nicht einmal mehr die Hände falten
und uns're Seele wird bewusst.
Von Innen wird sich Licht gestalten
und unter uns neu LIEBE walten,
die Seele hat es schon gewußt.

So ist Stille

Ruhevoll und würdig,
laß uns stillesitzen,
ruhig-lieb-ebenbürtig
wenn die Sterne blitzen
wenn die Sterne blinken
wenn die Sterne winken.

Andächtig und schweigend
laß uns innehalten,
Seele tief verneigend
und das Herz sich faltend
und das Herz sich weitend
und das Herz sich zeigend.

Stille Gott begehrend
in JHN eingebettet
allem Leiden wehrend
in JHM still gerettet
in JHM still erglühet
in JHM still erblühet.

COSMOPOL

Noch eine Bitt! Cosmopolit
bin ich vom Innersten her nicht.
Zwar Cosmopol – doch nicht polit,
von Gott sprech' ich in dem Gedicht!

Der Cosmopol ist Gottheit ganz,
der Gott, der kam in Jesu Christ;
die Sterne sind sein Liebesglanz,
weil ER der Pol von allem ist.

Ich bin ein Mystiker geworden,
der LIEBE sieht in jeder Richtung,
im nahen Süden, fernen Norden,
ohn' Ort und Zeit in seiner Dichtung.

Ein Erde-, All,- und Sternewesen,
der alles in sich selber fand.
Du kannst es in Gedichten lesen,
sind all' geführt von Gottes Hand.

Zur Wurzel kehrte ich zurück,
zum Kultus in dem Kämmerlein,
es wird einst jeder einzeln Stück
für Dich ein roter Faden sein.

Die Liebe wird zum Meister

Des Intellekts Gerissenheit,
des Willens stark Beflissenheit,
sie ziehen Gräben in das Leben.
Erst, wenn das Herz befreit
vom Schmerz und Herzeleid
kann Seele sich erheben.

Der Liebe Salbungsstrom
setzt Herzen auf den Thron,
der Intellekt muß dienen.
Es hört's das Herze schon:
Gott liebt Dich, Frau und Sohn,
die Liebe ist erschienen.

Im Stillefundament,
da setzt sich, was da rennt,
es ruh'n die vielen Geister.
Den steinharten Zement
die LIEBE schmilzt und brennt:
die LIEBE wird zum Meister!

Liebeshymne an das Leben

Ich liebe die Ruhe,
ich liebe den Frieden
ich liebe die Muße, die Künste, die Farben:
Kirschweiß auf Lila,
Waldmeister und Pink.
Ich liebe die Töne, die Klänge, die Harmonien,
die Schwingungen der Ekstase.
Ich liebe die Tiere:
der Schwalben surren
der Tauben gurren
der Nachtigall frohlocken.
Ich liebe die Pflanzen:
die anmutige Rose
die verborgene Lilie
die Butterblumen am moosigen Sumpf.
Ich liebe die Bäume:
die starke Eicht,
die schlanke Linde,
die immergrüne Tanne.
Ich liebe Dich und mich,
überhaupt das Leben,
den Himmel über alles.
Ich liebe Gott, den Vater,
so wie sich ein Kerzenlichtlein im Lichte verzehrt.
Gott ist so hold,
unschuldige Wonne,
wie das lächelnde Blinzeln der Babys.
Ich liebe Dich, weil Du so still zuhörst,
und die Liebe ist wie eine Musik,
von Herz zu Ohr, von Mund zu Herz.

DIE
PSALMEN
VON
DIETER

Siehst Du noch die Blumen blühn
wird Dein Herz berührt von ihrer Herrlichkeit
geschenkte Kostbarkeit von JHM
von JHM, von dem die Perlen kommen
und aller Edelsteine Glanz
sind diese Dinge schon so wunderbar
wie wird ER dann erst selber sein
ER ist viel edler als der schönste Stein
wie Rubin-Rot, so strahle Sein Liebes-Herz
das alle diese Ding erschaffen
das Korn, die Ähre und das Brot
wie kannst Du nur von Theorien leben
wo ER läßt Seidenraupen Seide spinnen
läßt Wolle wachsen am Gesträuch
und in dem Felsen wächst der Diamant
lässt Muscheln sich mit Perlen schmücken
kann dieses alles denn Dich nicht entzücken
an alles hat der Schöpfer-Gott gedacht
wer glaubst Du hat den Schmetterling gemacht
der kindlich spielend Dich umfliegt
und jede Blüte, die der Biene Nektar gibt
um Deinem Gaumen süßen Honig zu bescheren
wer kann es mir verwehren
wenn ich von meinem Gotte schwärme
wenn ich in allem Seine Liebe seh
die ich von JHM zu trinken nur begehre
und die ER überfließend schenkt mir ein
mein Leben soll ein Zeugnis Seiner Liebe sein

DU BUST GEMEINT, JA DU

Ich rufe Dich, Dein Gott
Du kennst mich schon
Im Lobpreis der Natur
Da hast Du mich schon oft verspürt
Im Flug des Schmetterlings gesehn
Im Blütenkelch bestaunt
Im Himmelsfirmament mich bewundert
Ich rufe Dich, Ich will Dich ganz
Möcht alle Deine Wünsche stillen
Die tief im Innern Dir noch glimmen
Ich wart auf Dich so lange schon.
O komme doch nachhaus mein Sohn und meine Tochter
Ich liebe Dich und kenn Dich schon vom Mutterleibe ab
Und war Dir nah in schweren Stunden
Wär es nicht gut, wenn immer Ich so nahe wäre
Du würdest gar nichts missen
Denn in der Gegenwart des Vaters
Da wird Dein Herz zur Ruhe kommen
So bete nun:
Herr Jesus komm und mach mich rein
Ich will Dein Kind ab heute sein
Von allem Dunkel mach mich frei
und still die Sehnsucht meines Herzens.
Der Vater hat es schon erhört
Denn Jesus Christus, Gottes Sohn
Er kam in Fleisch und Blut
und starb für Dich damit Du Leben hast
und einen Weg zum Vaterherzen.

Psalm des Himmelsflugs

So wie der Wind sanft säuselt in den Bäumen
so weht Sein Geist grad wo er will,
ich ruhe sacht und tue selig träumen
und meine Seele ist so wohlig still.
Ich habe ein Wörtchen zart vernommen,
wie Taubengurren leis und Katzenschnurren
ist's über mich ins Herz gekommen,
ich bin von Liebe gänzlich eingenommen.
Der Bräutigam wirbt zärtlich leise
in meinem Herzen wohlbekannterweise
und zieht mich an sich in Gefilde
wo meine Sehnsucht sich erfüllte.
Gestillt, gestillt und völlig eingehüllt
enteile ich im Fluge meiner Seele,
erstrahlend Glanz in hellen Bahnen
läßt meine Seele schwebend ahnen
daß größre Wonnen noch erstehen,
die Erdenschmerzen leicht vergehen
und aus dem Ahnen wird ein Sehen.
Dann erst, erst dann fallen die Mauern
der Erdenlast und Erdenschweren
in seligtrunkenem Fühlensscheuern,
die Liebesglühend, Lastverzehrend
zu immer größrem Licht erwachend
die Seele füllen, lockernd, lachend,
erst erlösend und dann allvereinend
ganz lichtdurchflutet hellerscheinend,
den letzten Schleier öffnen, lüften,
verschwimme ich in tönend Düften
und werde EINS mit IHM dem EINEN
und werde weinen, lachen, weinen.

PSALM: „DU schenkst DICH"

Dein zartrosa
All-Liebesherz
leuchtet in LIEBE
und schenkt mir
lichtdurchwirkte Gefühle
der Zartheit und Zärtlichkeit.
DU lädst mich auf
zum Glücklichsein
und lädst mich ein
Dein Gast zu sein.
Das Brot, der Wein bist DU,
DU schenkst mir ein
DU schenkst DICH ein
in sel'ger Ruh,
ich fühle Deine Süße,
bedecke Deine Füße
mit heißen Küssen
und will DICH nicht mehr missen.
Das ist ein Entzücken
und ein Überglücken!

Psalm: ICH LIEBE

Ich liebe die Ruhe, die Muße, die Musen,
ich liebe Beschaulichkeit
und liebe Gelassenheit.
Ich liebe den Sanftmut, die Geduld, die Güte,
ich liebe Beständigkeit
und liebe Beharrlichkeit.
Ich liebe die Kraft, das Leben, den Mut,
ich liebe die Sorglosigkeit
und liebe Furchtlosigkeit.
Ich liebe den Frieden, die Einheit, die Freiheit,
ich liebe Toleranz
und liebe Brüderlichkeit.
Ich liebe das Zarte, das Weiche, die Stille,
ich liebe Leichtigkeit
und liebe Sanftheit.
Ich liebe das Glück, die Wonne, die Freude,
ich liebe die LIEBE
ich liebe GOTT.

Psalm für den unruhigen Geist

Kannst Du noch stille sein
Was spürst Du, wenn Du stille wirst
Spürst Du dann Leere
Um diese Leere zu verdrängen
willst Du dann immer unruhig, herrisch leben
So weiter bis zu Tode
Wenn Leere ist
ist Deine Seele ausgelaugt
Was tun, wenn Deine Seele ausgelaugt
Dann ist Dein ewges Leben in Gefahr
Die ausgelaugte Seele muss sich füllen
Sie füllt sich wieder in der Stille
Beginne lieber gleich, eh es zu spät
Das einzige, das nötig ist, das ist Geduld
zu Überwinden Deine Unruh
Halt still, wenn's sein muss, zwing Dich
Der Punkt ist schon bald überwunden
wo Du die Labsal wieder spürst
und Deine Seele fühlt sich wohl
Dann bist DU wie ein neuer Mensch
Du suchst die Stille immer öfter
und Deine Seele wird genesen.

PSALM von dem Auge der LIEBE

DAS AUGE DER LIEBE

…sieht Dich liebend an
verständnisvoll
anteilnehmend
sieht in Dich hinein –
nicht durchdringend –
aber liebend
sieht Dein Verlangen
nach LIEBE
nach Zuwendung
nach Trost
nach Anerkennung
Wendet Dir Seine Liebe zu
tröstet Dich
schenkt Dir Anerkennung
DU bist geliebt
Du bist getröstet
Du bist ein Geschöpf
des Schöpfers
ER in DIR
ER schaut
aus Deinen Augen
Du hast Augen der LIEBE
Ich spüre Frieden
Ich empfinde Sanftheit
Ich fühle LIEBE
Meine Augen leuchten:
Augen der LIEBE.

PSALM DER GLÜCKES SCHMIED

„Ich will Dir noch des Glückes Schmied zeigen."

Das Glück,
es ist geschmiedet
aus Nägeln stark,
die einst das GOTTESLAMM
durchbohrten,
wieweil ER es trug
die Leiden und die Schuld
der ganzen Welt
an SICH zu überwinden.
Durch Nägel
floß SEIN heilig Blut
unschuldig rein und fromm
bis auferstand ER rief:
„es ist vollbracht"
und SEINEN Heilig Geiste
ER sandte in der Salbung
auf daß, wenn wir recht still sind
das Glück der Auferstehung in uns fühlen
und MIT IHM auferstehen
in EWGER LIEB
und großer Seligkeit.
So laß die Tränen fließen,
nicht Nägel Dich bedrängen
doch jeder Tropfen Tränen
salbet das GOTTESHERZ
das litt für uns aufs Ärgste
und wund're Dich nicht gleich,
wenn es der Weile doch bedarf.
bis stille du geworden,
so gänzlich still,
um eingebunden in die LIEBE
die Seligkeit
dann doch zu schmecken

die ER uns ja erwarb.
Und eins laß Dir noch sagen:
Erkenntnisnägel warn's,
vom Baume der Erkenntnis,
die GOTTESLAMM
so stachen bis aufs Blut!

PSALM in ZERRISSENHEIT

Kreuze tragen
7 Tage die Woche
52 Wochen im Jahr
tagein – tagaus – ,
Christus trug sein Kreuz –
doch es hatte ein Ende,
ER rief aus:
es ist vollbracht!

Soll ich Dorles Kreuz tragen,
bis an ihr Ende?
Vielleicht 30, 40 Jahre?

Ich bin müde
über Kreuzestragen,
ich brauche selber Hilfe,
der das Kreuz mitträgt.

Denn es wird schwerer
und schwerer!
Jeden Tag neue Verletzungen,
die Seele wird müde.

Ich will nicht unheilbar werden
in meiner Seele,
in meinen Gefühlen.

Wer mir/uns helfen kann,
möge helfen,
denn nicht das Kreuz ist
das Ziel-
Ziel ist Erlösung,
Heilung, Glückseligkeit.

Aber meine Gefühle

degenerieren vor Verletzungen,
daß ich selbst lieblos reagiere,
da ich überfordert bin.
Und wie soll ich Glück fühlen können,
wenn mein Gefühl immer kaputter wird?

Sept. 97

PSALM von der WIEDERHERSTELLUNG

Ich höre von Krieg, Putsch und Revolte.
DU bist nicht allmächtig –
sonst hättest DU es verhindert –
aber DU bist und DU bleibst
der Gott der LIEBE.
Die Menschen, welche Haß, Zwietracht und Gewalt tragen,
in denen wirkst DU nicht.
Sie reagieren mit Zorn, Angst und Mord,
doch nicht mit LIEBE.
Die Menschen, welche DICH LIEBEN
sind in der Minderheit.
Die gottlosen Menschen
sind in der Mehrheit.
Deshalb Krieg, Putsch und Revolte.
DEIN Reich komme,
DEIN Wille geschehe,
wie im Himmel, so auf Erden.
DEIN REICH ist LIEBE,
DEIN Wille ist LIEBE,
LIEBE soll es werden auf Erden.
LIEBE kann allmächtig werden,
denn sie ist das Größte.
Dann wäre statt Krieg Frieden.
Dann wäre statt Putsch Ordnung.
Dann wäre statt Revolte Dienen.
Dienen in der LIEBE,
der Eine dem Anderen.
Dann wäre statt Zorn Geduld;
Dann wäre statt Angst Glück.
Dann wäre statt Mord Leben.
Ein Leben in der LIEBE GOTTES.
Ein lebenswertes Leben,
Leben in LIEBE und Glück!

Füllhorn-Psalm

Gott schenkt Seinen Lieblingen
die Rosenseite allen Lebens –
die Dornenseite nur Erkenntnismenschen.
Aus Rosenholz sei mir mein Schreiber.
Er dichtet mir Liebkosungen
von seligtrunk'nen Seelen,
im Nektartaumel schwebend.
Er sichte mir vom Füllhorn
von Segenslabungen
die taufrisch salben,
vom Duft von Honig
und von Blütentau.
Er schreibe nicht von bitt'ren Kelchen,
sein Hoffen tröpfle süßen Wein.
„Mein Liebling keim in Stille
und sprosse frisch mit Würzigkeit.
Der Liebling, dem die Liebe mundet,
der Gaumenfreuden MJR beschert,
den will ich loben
mit des Glückes Körnern
und der Frucht des Lebens."

GEDICHTE
DER
LIEBE
VON
DORLE

Die Liebe
so zart und rein
so schwach vor der Welt
so verkannt
und doch das Wertvollste im Himmel
das Unüberwindbare in der Welt
das Bleibende durch alle Ewigkeiten
eine Kostbarkeit ohne Massen
ein Liebreiz, den jeder begehrt
alle wollen geliebt sein
erkannt und geschätzt
wer will geben
ohne bestätigt zu werden
wer will im Hintergrund bleiben
ungesehn, verborgen dienen
wer will nicht Lohn empfangen
für das, was er tut
o ja, einer hat alles gegeben
wer will ihm nachfolgen
wer will der Welt und sich entsagen
wer will gehen den Weg der Schmach
wer will wirklich ein Liebender werden
wer ihm folgt bleibt nicht der gleiche
die Liebe wird dein Leben bestimmen
du wirst reicher als die Welt
du wirst werden wie ER
dein Leben endet bei JHM
ihm, der alles erfüllt
Jesus, die ewige Liebe

Wo ist die Liebe
im Himmel, ja gewiss
ist unser Herz bereitet
kann der Himmel in uns wohnen
dann trieft's von ewger Lieb
alles fühlt sich wohl bei uns
ein Wohlgeruch geht aus
die Herzen erwärmen sich
die Menschen kommen herzu
die Schöpfung freut sich
alles ist so lieblich
der Frieden überall
Liebesworte ohne End
Wohltaten wie keinesgleichen
die Freude bricht aus
Jubel und Jauchzen im ganzen Firmament
Wunderbarkeit unermesslich
Herrlichkeitsglanze strahlen aus
der Vater hocherhoben
der Sohn in Seiner Herrlichkeit
ein ewges Licht
wir spiegeln JHN in Seinem Glanz
die Völkerschar in ewger Huldigung
die Engelchöre jubeln
der Vater hat sein Ziel erreicht
Vollendung
alles ist nun Lieb geworden

Liebe, was ist das
es ist mehr als das Äußerste
es ist Alles
ein Ganzes geben
ein vollkommnes Aufgehen im Ewigen
ewig, was ist das
Gott, der Vater ist ewig
sein Geben ist ganz
im Sohn der ewigen Liebe
Jesus, die offenbarte Liebe des Vaters
sie ruft die Ebenbilder seiner Liebe
zum Lieben
zum Aufgehen im ewigen
ein ganzes Verlieren
um zu gewinnen
ein ganzes Geben
um Segen zu verströmen
die Kosten sind hoch
der Gewinn ist ewig
was sind denn die Kosten
du selbst
verlieren ganz im ewigen
Liebe, ja Liebe wirst du
zum Leiden befähigt
gekrönt mit Herrlichkeit
zu ewiger Liebe berufen

Ein Geständnis
wer mag es fassen
Menschen, die eine höhere Gesinnung haben
als den Buchstaben
im Himmel gewesen
alles überwunden
Gewalten, Mächte und Kräfte
entzückt von der Liebe, der ganzen Gottesfülle
hoch erhoben in höchste himmlische Orte
hochgezogen durch den Erhöhten
dem Ewigen übergeben
alles unter seine Füße getan
vollkommen eins im Herzen der ewigen Liebe ruhn
himmlische Berufung
ein neuer Himmel, eine neue Erd
ewige Liebesströme fließen
Frieden allen Völkern
Tausendjähriges Reich
der König regiert
der Löwe frißt Gras
die Gewalttätigen verschwunden
aufgehoben
zum Ewigen gelangt
himmlisches Jerusalem
der Vater allein
unfassbare Herrlichkeiten
zierlichgeschmückte Bräute
unzählbare Schar aller Nationen

Wo ist der Vater
wo ist der Sohn
sie sind Eins
sie sind hier in unsichtbarer Lieb
nicht fernab von Erd und Welt
ganz nah
so nah, wie die Luft
so klar wie sternklarer Himmel
so herzlich erwärmend, wie die Mittagssonne
so erfrischend, wie ein kühler Wind
so lebensspendend, wie ein frischgebacknes Brot
so voller Pracht und Glanz
die Schöpfung spricht davon
sanftes Säuseln läßt die unhörbaren Wort erklingen
Vögel singen so voll Lieblichkeit
zarte Herzen erfreuen sich daran
Himmel und Erd sind verschmolzen
Eins geworden
versöhnt durch alle Ewigkeiten
Menschenkinder freuen sich
Bäche fließen
Gräser sprießen
Berge der Erhabenheit
Seen spiegeln der Sonne Glanz
ein Wonnestrom des Friedens
durchfließt all die Täler
edelste Früchte für alle Lieben
die Tiere leben Harmonie
was kann es schönres geben

Ich liebe dich
wer kann das uneingeschränkt sagen
ich liebe dich
wer kann diese hoffnungsvollen Worte erfüllen
Einer kann es
Er ist selbst die Liebe
Er kann nicht enttäuschen
ich liebe dich
ist Sein ewiger Zuspruch
ich liebe dich
ist Seine bleibende Treue
die dich niemals verlässt
ich liebe dich
wo du auch bist
was du auch tust
ich liebe dich
mein höchstes Wünschen ist
dich glücklich zu haben
ich liebe dich
mit unendlicher Leidenschaft
ich fühle mit
wie es dir geht
ich denke Tag und Nacht an dich
ich kenne deine Gedanken von ferne
ich liebe dich
ich habe Gedanken des Friedens für dich
ich habe Freude die Fülle
ich habe ewige Liebe zu dir
ich will dich herzen inniglich
ich liebe dich
es klinge dir nach
wie du auch weiterziehst
mein Herz der Liebe ist allzeit weit offen für dich
in mir findest du Ruh
in mir wird dein Sehnen gestillt
in mir bist du geborgen
mit Freude erfüllt zum ewigen Leben geboren

ich liebe dich
ich liebe dich mit glühender Glut
hab alles gegeben
damit du ein ewig Geliebter genannt
ich liebe dich

Liebe, ein vielgebrauchtes Wort wer kennt sie, wie ist sie wirklich
sie ist selbstlos
sie ist in sich völlig und vollkommen
sie ist die Schenkende
du bist der Empfangende
Beschenkte können wieder schenken
wie kann ich denn empfangen
ist dein Herz so leer
dann bist du richtig
dürstest du nach ihr
steht dein ganzes Verlangen dahinter
bist du auch bereit alles zu lassen
um sie zu empfangen
sie schenkt sich völlig umsonst
sie ist ein unvergleichlicher Schatz
sie stillt jedes Dürsten
sie ist die Antwort auf deine Fragen
sie ist der Ursprung deines Seins
findest du sie, findest du dich selbst
ruhst du in ihr, dann ist dein Herz gelassen
du wirst ändern zur Freude sein
Glückseligkeit wird dich erfüllen
endlich gefunden
darf ändern zur Ruhe verhelfen
die Liebe so kostbar
nie mehr allein

Gott ist Liebe

Eine edle Gesinnung
mehr als die Reichtümer der Welt
ein stilles Herz
sanft, zart und hold
verborgen, ungesehn
gänzliches Lächeln
Strahlen ewiger Liebe
unvergängliche Schätze
triefend von Öl und Wein
zum Leiden befähigt
Tränen über das Rennen der Zeit
wer will mitfühlen und -leiden
gefundne Herzen
ein Geben ohne Nehmen
ein Innehalten inmitten im Walten der Zeit
ein Bremsen der Vergänglichkeit
wer will einsteigen
in die ewigen Ströme der Liebe
wer will mitlieben
ohne zu empfangen
o ja, ein Ganzes geben
zu verströmen das Leben
von ewiger Liebe getragen
befreit von der Vergänglichkeit
zum Lieben berufen
Ewigkeit genießen
inmitten der Welt
aufhören zu suchen
ewig geliebt

Ruf zur Liebe

Wer will sie hören
ruft schon so lange
hat ihr Äußerstes gegeben
sie hat sich selbst gegeben
alles läuft und rennt
ja, jeder will Liebe haben
sie suchen an allen Tümpeln der Welt
wo ist sie nur
ist es nur ein Trug
eine Traumwelt
–Die Liebe ist–
still werden, anhalten
zur Ruhe kommen
genießen die frische Luft
bewundern die Schöpfung
die Augen erheben
den Himmel beschauen
die Liebe ist nah
sie hat einen Mund
die Stimme ist zart
sie ruft mit unendlicher Liebe:
komm nach haus
die Augen erglühen
das Herz der Liebe gefunden
glückselig bist du

„Strebt aber nach den höheren Gaben! Und ich will euch einen Weg
zeigen, der noch darüber hinausführt!"

Höchste Weisheit ist die Liebe
gibt's keine Schranken mehr dafür
alles hat aufgehört,
nur die Liebe nicht.

Gib uns Augen, die Dich sehen
gib uns Ohren, die Dich hören
gib uns Herzen, die Dich lieben
auf daß Dein Glück
vollkommen sei mit uns
Umarmung will ich haben
Liebe, die mich liebt
Liebe, die sich zu mir stellt
Liebe, die sich mit mir vereinigt

„Du sollst den Herrn, deinen GOTT, lieben mit ganzem Herzen, mit
ganzer Seele, mit all deinem Verstand und mit all deiner Kraft."
Mark. 12, 30

Ich bin zarter als alles
Will mit Zartheit arbeiten
Soll kein Schmerz sein
Ich bin die Liebe
Und ich will es zeigen
Will nicht verborgen bleiben
Du brauchst nichts zu können
Ich gebe alles freiwillig
Was ich gegeben hat Bestand
Drum sei getrost und still
Getrost ist, wer MICH liebt
Ich habe meine Lieb gegossen
Du kannst mich lieben immerzu
Du liebst mich ganz und gar
Wirst niemals aufhören
Weil ich es hab gesagt
Wirst auch andre lieben
Sie werden glücklich werden
Und dich wieder lieben
Alles fließt zurück zu MIR.

LIEBE

Unergründlich tief
Weiter als das Himmelszelt
Reicher als die ganze Himmelswelt
höher als der Höchste Thron
Stärker als der Tod
Völlig in sich selber
Kostbarer denn alles
Zarter als der Hauch
Süßer
denn der Honig
Langmut ohne Ende
unaufhaltsam wirkend ist sie

„Dann könnt ihr mit allen heiligen begreifen,
welches die Breite und die Länge und die Höhe
und die Tiefe ist, und die Liebe Christi er-
kennen, die doch alle Erkenntnis übertrifft,
damit ihr erfüllt werdet mir der ganzen
Gottesfülle."
Eph. 3, 18+19

Was will Ich mehr,
als meinen Kindern Gutes tun
O könnten sie es fassen
es würde ihnen allzeit gut ergehen
Ich habe die Fülle und möchte sie
teilen mit ihnen
Reich möchte Ich sie machen
Glücklich in mir
Wer wirklich wüßte wie Ich bin
er wäre von mit überwältigt
Willst Du der Erste sein
Ich bin bereit

„In ihm wohnt die ganze Fülle der Gottheit leibhaftig,
und an dieser Fülle habt ihr teil in ihm."
Kol. 2, 9+10

Ich wirke, wie Ich will
Wirk alles der Ewigkeit entgegen
Mein Kind wird bereitet sein
Ich hol es zur rechten Zeit zu mit
ich weiß alles, nicht ist mir verborgen
ich lenkt alles nach meinem Ratschluß
Nichts entgeht meinen Händen
Mach aus dem was nichts ist, etwas
Alles ist mir möglich

„Meine Zeit steht in deinen Händen.“
Ps. 31,16

Ich habe einen Wunsch im Herzen
All mein Sehnen, Wünschen, Schmerzen
ist nach diesem Ziel gericht', ohne
Aufzuhören mein Blick danach ausschaut
o Du Liebe wunderbar, Du Zier der
Heiligkeit,
offenbar in Leid und Schmerzen,
wann seh ich die Herrlichkeit
Im Lichtglanz Deiner Herrlichkeit
erstrahlt die Majestät,
Unendlichkeit erfasst das Herz,
glücksel'ge Ruh, stillt allen Schmerz

„Die Frommen werden schauen dein Angesicht."
Ps. 11, 7b

Die Liebe erschaut
Von ihr erkannt
Überwältigt worden
Kein Wort
Herrlichkeitsglanz
Leuchtende Augen
Liebesreden
Glühendes Herz
Ausgeschüttetes Mitleid
Wehender Wind
Liebevolles Ziehen
Aufgehoben

DIE LIEBE HÖRT NIEMALS AUF...........

Sie erfüllt das ganze Wort
Übersteigt alle Erkenntnisse
Gibt niemand auf
Spricht nicht von sich selber
Läßt den Ärmsten etwas gelten
Rettet was verloren ist
Bringt ins Staunen, wo keiner staunt
Übertrifft alles was es gibt
Macht das Unmögliche möglich
Setzt sich völlig ein
kommt immer zum Ziel
Will keinen ruhen lassen, bis er zur
Ruh gekommen ist.

„Sie erträgt alles, sie glaubt alles, sie hofft alles
sie duldet alles; die Liebe hört niemals auf."
1. Kor. 13, 7+8

„Die Liebe Christi erkennen, die doch alles Erkenntnis
übertrifft."
Eph. 3, 19

„So ist die Liebe die Erfüllung des Gesetzes."
Rö. 13, 10

Tiefste Liebesgemeinschaft
Zartestes Wesen
Berührt von Sanftheit und Glück
Unendlicher Schmaus
Quellen unerschöpflich
Tiefste Ruh
Balsam ohne aufhören
Füllen ergießen sich
Wonneströme fließen
Freudekräfte lösen sich
Alles jubelt und jauchzt
Frisch und froh erquickt die Seele
Meer der Glückseligkeit
Alles nimmt seinen Lauf
Das Ziel ist erreicht.

„Wie schön und wie lieblich bist Du, Du liebe voller
Wonne."
Hoh. 7,7

Ich liebe Dich so sehr
kann kein Wort mehr finden
Mein Herz gehört nur Dir allein
ich weiß mich geborgen bei Dir
Dein Lieb ergießt sich allezeit
Ich kann es kaum erfassen
Alles sprudelt in mir zu Dir
Bleibende Liebe gabst Du mir
Kann nun fröhlich meine Straße ziehen
Du bist ja immer bei mir
Mag kommen was da will
Ich geh nicht weg von Dir
Du hältst mich bei meiner rechten hand
und leitest mich nach Deinem Ratschluß
Nimmst mich hernach in die Herrlichkeit
Einen Platz in Deinem Hause
hast Du mir bereitet
Sitzend zu des Königs Tisch
Das Hochzeitsmahl hat begonnen
Freude ist um und um
Alles ist von der Lieb erfüllet
In des Vaters Schoß ich sitzen darf
Vollkommen eins mit Dir

Gehorchen möchte ich immerzu
Damit Du Freude hast mit mir
Liebe möchte ich üben fort und fort
Keinen Schritt von Dir mehr weichen
Damit Du allzeit glücklich bist
Keinen Schmerz mehr trägst in Dir für mich
mein Leben ganz erfüllt von Dir
Liebe strömt zu mir
Glückselig bin ich in Dir

„Daß ihr eure Leiber hingebt als ein Opfer, das
lebendig, heilig und Gott wohlgefällig ist."
Röm. 12,1

Hebt Dich auf den Arm
Liebevoll blicken seine Augen
Sein Herz entbrannt
Mein Innerstes berührt
Öffnet seinen Mund
Voller Spannung hör ich zu
Beruhigend sanft ist seine Stimm
Mein Herz erblüht

„Mein Herz ist andern Sinnes, alle meine Barm-
herzigkeit ist entbrannt."
Hos. 11, 8b

DAS PAPI
Hat acht auf mich
Kleidet mich mit Besten
Birgt mich hinter seinem Rücken
Läßt mich in die Freiheit gehen
Holt mich wieder heim zu sich
Bei ihm ist es doch am Schönsten

„Schaut die Lilien auf dem Feld an. [...] Ich sagt euch,
daß selbst Salomo in seiner ganzen Herrlichkeit nicht
so gekleidet gewesen ist wie auch nur eine von ihnen.“
Mat. 6, 28+29

Eng umschlungen von Liebesarmen
geherzt, gedrückt, geküsst
Im Bausch Deines Gewandes eingehüllt
Wie ein kleines Kind gewogen
In Liebe gebadet
In Frieden gelegt
Beste Milch gezogen
Rundherum beglückt

„Er wird seine Herde weiden wie ein Hirte. Er
wird die Lämmer in seinen Arm sammeln und im
Bausch seines Gewandes tragen und die Mutter-
schafe führen."
Jes. 40,11

Du wandelst Fluch in Segen um
Bereitest Deinen Kindern Freude
Sie schauen auf zu Dir
Und Du liebst sie ohne aufzuhören
Du willst es ihnen wohl ergehen lassen
Hast Freude, wenn sie sich freuen
Lässest keinen in seinem Elend liegen
Richtest auf, was niedergeschlagen ist
Willest für alle das Beste haben
Willest das jeder sich freut
Daß keiner unten bleibt
Sondern jeder zu Dir gezogen wird
Dein Lieb ists, die es vollbringt
Glückselig sind sie alle.

„So will ich ihre Abtrünnigkeit wieder heilen,
gerne will ich sie lieben."
Hos. 14,5

Ich lieb dich Vater
Dein Lieb nährt mich
Will satt sein in dir
Keinen andern als dich

Möchte dich erfreuen immerzu
Mein Herz ungeteilt bei dir
Dich herzen mit meiner Lieb
Du gabst sie in mich

Ich freu mich in dir
Du liebst mich so sehr
Nimmst mich in den Arm
Läßt mich glücklich sein bei dir

Ruhen kann ich in dir
Du nimmst mich so wie ich bin
Drückst mich an dein Herz
Glücklich sind wir beide

„Sehet, welch große Liebe uns der Vater
erwiesen hat, daß wir Gottes Kinder heißen.“
1. Joh. 3,1

„Herzlich lieb habe ich dich, Herr, meine Stärke.“
Ps. 18,2

In mir wohnt nichts Gutes
Kommt nicht etwas Guter vor
Bemüh mich wohl, doch das
reicht nicht aus
Seh schon den nächsten Fall
Seh auch dein liebend Hand
Ich kann nicht anders sein
Du befreist mich ganz allein

„Das Wollen habe ich wohl, aber das Gute voll-
bringen kann ich nicht."
Röm. 7, 18

Spannungsfelder gibt's genug
Kann nicht bestehen, muß vergehen
Du allein bleibst
Wie lange wird es noch so gehen
Wehe mir ich bin ein sünd'ger Mensch
Wird geläutert bis zum letzten Winkel
Du meinst es gut, drum will ich halten
still, bis du das Ziel erreicht
Dein Name werde groß, bis in alle Enden

„Viele werden gereinigt, geläutert und geprüft
werden [...] die Verständigen werden es verstehen."
Dan. 12, 10

Möchte schon bei dir sein
Möchte fliehn vor aller Welt
Du bist schneller als die Welt
Fängst mich allzeit wieder ein
Doch möchte gar nicht mehr gefangen
werden
Möchte immer bei dir sein
Was kann ich tun, ich Wurm
Alles hast du für mich getan
Kann glücklich sein, weil du mich liebst
Glücklich machst du mich allein

„Und die Welt vergeht mit ihrem Reiz, wer aber
den Willen Gottes tut, der bleibt in Ewigkeit."
1. Joh. 2, 17

Himmlische Sehnsucht ist in meinem Herzen.
Alles laß ich dafür. Ich sehne mich nach
ew'ger Ruh. Find in dieser Welt kein
Plätzchen wo ich ruh

Ihre Seele wird sein
wie ein wasserreicher Garten
Wohl bepflanzt von mir
Herrliche Liebesäpfel gibt es in ihr
Beste Früchte
Milch und Honig fließen in ihr
Beste Erde, gedüngt von mir
Tränen haben sie befeuchtet
Samen gehen auf
Kunterbunte Freude in ihr
Die Tulpe lacht der Rose zu
Die Pusteblume streut gerne ihre Samen
Alles ist bewacht von mir
Segen regnet herab
Die Sonne der Liebe scheint
Der Wind des Heiligen Geistes weht
Fruchtbar in mir
Große Freude für mich.

„Mitten auf dem Platz zu beiden Seiten des Stromes
wachsen Bäume des Lebens; sie tragen 12 mal Früchte,
jeden Monat bringen sie Frucht, und die Blätter der
Bäume dienen zur Heilung der Völker."
Off. 21,2

„Ihre Seele wir sein, wie ein wasserreicher Garten."
Jer. 31,12

Für jeden Tag hast du bereit
ein Werk der Hände deiner Lieb
für uns
Du öffnest uns die Augen
und wir sehen es
Richtest unser Gemüt nun auf
zu wandeln in den Werken
die du uns hast bereit
Freude kehrt in unsere Herzen ein
Du hast es allein getan

„Denn wir sind sein Werk,
geschaffen in Christus Jesus
zu guten Werken, die Gott
im voraus bereitet hat,
damit wir sie tun."
Eph. 2,10

Deine Gebote sind nicht schwer
daß ich sie halte wirkst du
Es geschieht nicht durch Herz oder Kraft
sondern durch den Heiligen Geist
daß ich ihn nicht betrübe wirkst du
Sünde und Schwachheit umgibt uns allezeit
daß ich nicht falle wirkst du
Liebe bist du
Alles Schaffen ist dein
Von Anfang bis Ende wirkst du

„Denn Gott ists, der in euch
das Wollen wie das Vollbringen
wirkt zu seinem Wohlgefallen."
Phil. 2, 13

Sel'ges Wissen
Liebstes bist du
In dir ist Fried und Ruh
Heil'ges Schweigen tritt ein
Die Freude lacht
Das Herz blüht auf
Kommt herein
Sehet wie ich's mein
Glückseligkeit bricht an
Alles ist still
Sel'ges Wissen
Liebstes bist du

„Und der Gerechtigkeit Frucht wird Friede sein und
der Ertrag der Gerechtigkeit wird ewige Stille sein."
Jes. 32, 17a

PAPA, hier bin ich
brauch mich nicht mehr fürchten
Du liebst mich ja so sehr
Machst mir große Freude
Hältst Überraschungen bereit
Tust alles für Deine Kinder
Birgst sie hinter Deinem Rücken
Paßt auf sie auf
Läßt nicht zu, daß sie gehen in die Irre
Leitest sie auf richtigem Wege
Du züchtigst wohl,
doch Deine Liebe steht dahinter,
Willst sie sicher führen zum Ziel.

„Denn nicht den Geist von Knechten habe ihr empfangen,
daß ihr euch wieder fürchten müsstet, sondern den Geist
von Kindern, durch den wir rufen: „Abba, lieber Vater".
Rö. 8, 15

DAS HOHELIED DER BARMHERZIGKEIT GOTTES

Seiten-spiele dem Höchsten gegeben
Wohlgerüche steigen aus dem Erdreich empor
Berge hüpfen, Bäume klatschen
Fröhlichen Mutes sind die Menschenkinder
Bäche fließen, Täler und Höhen
sprechen von der Weite der Liebe
Der Wind bläst, das Feuer brennt
Meeresspiegel senken sich vor dem Allmächtigen
Die Blume erfreut sich der Sonne
Der Himmel lacht, die Wolken öffnen sich
Die Felder grünen, die Ernte ist groß
Die Vögel singen ihr Lied
Der Erdkreis ist reif
Alles ist Liebe geworden

„Berge und Hügel sollen von euch her
frohlocken mit Jauchzen und alle Bäume
auf dem Felde in die Hände klatschen."
Jes. 55, 12

Die Liebe unterhält sich
Zwei Augen sprechen miteinander
Ein fröhliches Gesicht erfreut den anderen
Die Vogelstimmen bringen Balsam für die Seele
Die Mohnblume erfreut das Herz
Die Sonne erwärmt den Körper
Die Stille lässt die Seele atmen
Spielende Kinder zeigen etwas
von der Glückseligkeit
Der Himmel öffnet sich und
zieht Barmherzigkeit an
Der Vater Schöpfer Himmels und der Erd
hat sich erbarmt.

„Denn er ist erschienen die heilbringende
Gnade Gottes für alle Menschen."
Tit. 2, 11

Welch köstliche Glut,
leiden zu dürfen für Jesus
Er gab sein Leben ganz
Seine Liebe zu uns erwies sich als echt
dem Vater treu ergeben
Leiden kann nur der, der liebt
Gott ist die Liebe, wer ihm ergeben,
kann leiden
Er befähigt zu allem
Das Ende allen Leidens für den Ewigen
wird Freude sein

„Ich möchte ja ihn erkennen und die Kraft seiner
Auferstehung und die Gemeinschaft seiner Leiden
und so seinem Tode gleichgestaltet werden,
damit ich zur Auferstehung von den Toten
gelange."
Phil. 3, 10+11

Was kann ich tun
Will dich noch mehr
denn je zuvor
Du bist meine feste Burg
Vervielfältigst das Wenige
und gießest aus in Fülle
Was will ich mehr als dieses:
dich in deiner Pracht
Machst mich froh und glücklich
Gibst noch mehr dazu
Ich weiß mich geborgen

„Denn du bist mein Fels und meine Burg.
Ich freue mich und bin fröhlich über
deine Güte."
Ps. 31, 4+8

Ich lieb dich Vater
Dein Lieb hat mich gezogen
Hast mich erfüllt mir dir
Das Verlagen steht nach dir
Du liebst mich mehr,
denn je ich lieben kann
Vereint mit dir möchte ich sein
Du nimmst mich ganz ein
ich will ganz dein sein
Du bist treu
Wirkst alles in allem allein

„Laßt uns ihn lieben, denn er hat uns zuerst geliebt."
1. Joh. 4, 19

„Heiliger Vater, erhalte sie bei deinen Namen, den
du mir gegeben hast, damit sie eins sind wie wir."
Joh. 17, 11

Mir ist nichts unmöglich
Möglichkeiten hab ich viel
Ich will gehen nach dem Glauben
Doch kann Ich auch noch mehr
Will gehen in der Fülle
meiner Kinder Schar
Ihr sollt erfahren
daß Ich liebe
Niemals vergessen werde
was Ich gebar

„Siehe, ich will euch [...] die Fülle schicken.“
Joel 2, 19

Deine Liebe bewahrt uns vor dem Fall
Du läßt es nicht zu
So kostbar Du uns machst
Hältst Deine Hände über uns
und währst allem Schein
Auf daß offenbar werde, was Dein
Liebe gießt Du aus in Fülle
und gibst reichen Segen dazu
Nur Du bist so gut, der es so meint

„Niemand kann dich aus meiner Hand reißen.“
Joh. 10, 29

„Fürchte dich nicht […] du bist mein!“
Jes. 43, 1

Gestillt, wie an der Mutterbrust
Trost über allen Maßen
Die Liebe ist gekommen
Sie geht nicht wieder
Unaufhörlich bleibend

In tiefer Ruh
Wer mag sie fassen
Sie hält dich fest
Alles Laufen hat ein Ende
Gefunden bist du

Wohlbefinden hat begonnen
Reine Liebe ist gekommen
Die Freude hat begonnen
Das Herz beginnt zu blühen
Ein Wohlgeruch bist du mir geworden
Liebreize gehen aus von dir

„Ich will euch trösten, wie einen
seine Mutter tröstet."
Jes. 66, 13

Alles gehört dir
Lieben, Glauben, Hoffen
Weinen, Freuen
Alles gehört dir
Wandeln, Ruhen, Schweigen
Schlafen, Wachen
Alles gehört dir
Nehmen, Geben, Segnen
Reden, Sehen
Alles gehört dir
Brunnen öffnen sich
Leben steigt empor
Alles gehört dir
Leben und Tod
Unglück und Glück
Alles gehört dir

„Siehe, das sind nur die Enden seiner
Wege, und nur ein leises Wörtlein davon
haben wir vernommen."
Hiob 26, 14

Du füllest Zeit und Raum
Alles der Ewigkeit entgegen
O Ewigkeit, du Schöne
mein Herz an dich gewöhne
Mein Leben ist nicht hier
Es gehört nicht mir
Dem Ursprung aller Ding
bin ich ergeben
Beim uralten Gott ist
Zuflucht für und für
Er ist die Liebe
liebt immerzu

„Zuflucht ist bei dem uralten Gott und
unter den ewigen Armen."
Mos. 33, 27

„Ich habe dich je und je geliebt, darum habe
ich dich zu mir gezogen aus lauter Güte."
Jer. 31, 3

DIE LIEBE

liebt den, der je und je geliebt
Ihr Herz ist erfüllt von ihm
Die Freude steigt empor zu ihm
Die Augen leuchten hell und klar
Die Zunge redet allein von ihm
Ihr Gesicht ist voller Liebesgesten
Ihre Gedanken verweilen ganz bei ihm
Ihr Sehnen ist gestillt in ihm
Ihre Ohren lauschen nach seiner Stimm
Ihre Freude ist vollkommen in ihm
Glückselig ist sie ganz mir ihm

„Ich bin eine Blume in Saron und eine Lilie im Tal."
„Wie schön ist deine Liebe, meine Schwester, liebe Braut
Von deinen Lippen, meine Braut, träufelt Honigseim.
Honig und Milch sind unter deiner Zunge, und der
Duft deiner Kleider ist die der Duft des Libanon."
Hoh. 4, 10+11

Ich bin größer
als du je gedacht
Hab Himmel und Erd geschaffen
Führ in die Weite
Führ in die Enge
Es geschieht immer
was ich will
Leb nun ohne Sorgen
Was kannst du ausrichten
Alles liegt an mir
Kannst machen was du willst
Es geschieht doch
was ich will
Ich bin immer der Letzte
sowie auch der Anfang
Es geschieht was ich will
Will immer nur Gutes
Mein Ziel ich erreich
Vollkommene Freude in mir

„Ich bin das A und O, spricht der Herr,
der ist und der war und der kommt, der Allmächtige."
Off. 1,8

Geborgen in seiner Hand
Getragen durch die Wüst
ins verheißne Land
Dort fließt Milch und Honig
Ringsum Frieden mit allem Feind
Ich will Gutes tun mehr
denn je zuvor
Ich habe vergessen, vergeben
Es gibt keine Gedanken mehr daran
Ich will erfüllen mein gnädiges Wort
Öl und Wein die Fülle schicken
Ich will erstatten, was Heuschrecken
gefressen
Ein neu Herz ein neu Geist
ich gegeben
Sie wandeln in meinen Wegen
Ich pflanze sie ein und
niemand reißt aus
Alle Wunden geheilet
Mir zum Ruhm ist es geschehen

„Ich will ihnen ein anderes Herz geben
und einen neuen Geist in sie geben,
damit sie in meinen Geboten wandeln."
Hes. 11, 19+20

Kann es kaum erwarten
bis ich geh in die Herrlichkeit
Zu den goldnen Toren ein
Im himmlischen Jerusalem
Zu sehen deine Pracht und Majestät
In deinem Glanze stehn
Alles ist erfüllt von deiner Lieb
Engelchöre jubeln zu
Älteste fallen nieder
Eine große Schar vor dir stehn
Jeder singt ein Liebeslied
Herrlichkeit ist gekommen
für Zeit und Ewigkeit

„Danach hörte ich eine mächtige Stimme
wie von einer großen Schar im Himmel,
die sprach: Halleluja! Das Heil und
die Herrlichkeit und die Kraft gehören
unserem Gott!"
Off. 19, 1

Wo Gott ist
Da ist Liebe
Wo Heil ist
Da ist Segen
Wo Freud' ist
Da ist Hoffnung

Wo Lieb entflammt
Wird alles gut

Erhalte Dich in seiner Lieb
So bleibst Du wohl behüt

Lieb und Fried
von Herzen
Ja für Dich

Reinigung

Mein Herzlein wird ganz rein
Du machst es gut so fein
Du nimmst mich wie ich bin
In Dir hab ich allezeit Gewinn
Du führest mich zum Ziel
Auch wenn Dir manches missfiel
Laß Segensströme fließen
Du wirst mich wohl begießen
Letzte Steinchen fallen weg
Ich werd bald rund und hab kein Eck
Du glättest mich und ich werde lieblich sein
Zum Wohlgeruch für Dich allein
Darum dank ich Dir von Herzen
Das heilet alle Schmerzen
Du forderst nicht
und läßt mich sehn
„Alles geschieht zu Deinem Wohlergehen"

Ich bin glücklich und zufrieden
Mein Herz liegt ganz im Frieden
Nach Liebe schau ich aus
Da bin ich ganz Zuhaus
Mir ist wohl im Leben
Ich fange an zu schweben
Aus der Ferne seh ich Dich
Bei Dir ist alles Licht
Mein Angesicht in Dir erblühe
In Deiner Lieb ich wohl verglühe
Nimm mich auf in Ehren
Ich will bei Dir einkehren
Du läßt mich niemals los
Du bist mein ew'ges Los

Traurigkeit
Weheleid
Seufzen
Aufatmen
Neues Licht
Ich bin erlöst

Dein Leben ist mein Strömen
Dein Sein ist mein Lauf
In Dir hab ich das Leben wohl gekauft
Im Leben und im Sterben
Ein stetes Geborgen sein
Mir kann nichts geschehen
Du bist da
Ich freue mich

Tiefer Friede
Glückströme der Freude
Sicheres Sein
Aufblicken zu Dir
Herzenswärme
Liebesfähigkeit
Vergebung
Neues Entstehen
Ausharren
Dir ist Zeit
EWIGKEIT

Mein Herz ist überfließend
Nichts kann mich verdrießen
In Dir bin ich verborgen
Du wirst mich wohl versorgen
Ich bin glücklich immerzu
In Dir habe ich dir Ruh
Wohlgenährt bin ich von Dir
Freude gibst Du mir
Allezeit in großer Herrlichkeit
Vor Dir (ist) bleibt Ewigkeit
Das große Amen füllt das All
Niemand kommt zu Fall
AMEN